读书
文丛
精选

罗志田　葛小佳

东风与西风

三联书店

图书在版编目（CIP）数据

东风与西风／罗志田，葛小佳著．—北京：生活·读书·新知三
联书店，2017.6
（读书文丛精选）
ISBN 978－7－108－05935－2

Ⅰ．①东…　Ⅱ．①罗…　②葛…　Ⅲ．①东西文化－文集
Ⅳ．① G04-53

中国版本图书馆 CIP 数据核字（2017）第 086307 号

责任编辑　饶淑荣
装帧设计　薛　宇
责任校对　常高峰
责任印制　宋　家
出版发行　**生活·讀書·新知** 三联书店
　　　　　（北京市东城区美术馆东街 22 号　100010）
网　　址　www.sdxjpc.com
经　　销　新华书店
印　　刷　北京市松源印刷有限公司
版　　次　2017 年 6 月北京第 1 版
　　　　　2017 年 6 月北京第 1 次印刷
开　　本　880 毫米×1092 毫米　1/32　印张 6.25
字　　数　120 千字
印　　数　0,001－5,000 册
定　　价　40.00 元
（印装查询：01064002715；邮购查询：01084010542）

目　录

2

新　序

这是一本合写的书，书中文字基本写于 20 世纪 90 年代，主要刊发在《读书》之上，后有幸纳入三联书店的"读书文丛"。今书店拟重新出版"文丛"中一些仍有价值的书，承编辑部同人的美意，本书也在其中。这次使用的版本，是 2010 年社科文献出版社所出的修订版。内容未作改动，仅订正了少数文字讹误。

作者之一的葛小佳已于 2009 年返归道山。本书的重印，唤醒一段段记忆，心情是纷杂的。相信小佳对本书的两次再版，会感欣慰。个人对于读者的不弃，尤深觉感动，也至为感谢！

为纪念小佳这位历史系七七级的杰出校友，四川大学于 2010 年在历史文化学院设立了以葛小佳命名的优秀论文奖，俾后来的学子知道他们曾经有过多么优秀的学长。与上版一样，本书的版税会捐给四川大学的"葛小佳优秀论文奖"。为此我要特别感谢三联书店重印此书！

2016 年 3 月 28 日

修订版序

　　这本小书，所收的是葛小佳和我合写的读书心得，以及两三篇各自单独写的小文。本书初版时，小佳远在美国，当时的自序只能由我独自执笔。如今出修订版，小佳更远在天国，这个小序仍只能由我独自执笔。天有不测风云，最近一两年随时都在经历；人有旦夕祸福，不意也成这一两年亲历之事！所谓朋友，或许就是相见甚欢，不见亦如见，并不在朝朝暮暮。然而此后就真只能不见如见，能不别有一番滋味在心头！

　　小佳与我，相遇在四川大学。他在二班，我在一班，大概是通过戴思杰兄认识的，结果一见如故。思杰兄不住学校，后来更不常来学校，所以我和小佳的来往反多。那是我们一生的转折，不过当年似乎也没这么想，就是觉得读书已晚，所以稍更勤勉而已。读书之余的生活，也有不少的乐趣。其中重要的一项，就是遍寻成都大小饭馆去吃价廉物美的好菜。小佳从煤矿中来，带薪，那时可以说是高薪，所以吃完他付钱的时候要多许多。他的另一业余活动是踢球，因此而结识不少朋友，有的也成为我的朋友。

　　我们的另一共同行动是学英语。我在入大学前只念过不到一年的初中，他的中学恐怕也不到常规水准。第一学期我是乱读杂书而过，小佳则似乎对未来有着某种预感。第二学期开学，他忽然对我说，他的英语已远远超过班上的进程。我们基本都是进大学才开始学英语的，忽然间彼此的水准就真正不可同日而语了。为了让我能赶上，他特意停学英语一学期。我则拼命追赶，到二年级差不多赶上他的水准，又共同推进。到三年级时，我们竟然成了全校文科的前两名。没有那时的努力，后来恐怕就不能出去读书了。

　　当初在美国念完书，他也准备回来。然而那时葛公子亦杰不过几岁，多年在美国生活后，回中国竟然严重水土不服，几十天不能安宁，终于确定在海外定居。后来小佳事业有成，进入那一行的顶端，但心中似乎总有些许遗憾。近些年他一直在为国内的心理学界（特别是中科院的心理学所）做些帮忙的事，也因此让我们多了不少见面的机会。小佳当年以讲义气著称，也包括为朋友与人打架。造化弄人，自从他成了美国的名教授，义气仍在，而为人则斯文了许多。甚至到我家，也要到门外去抽烟，俨然一个外国君子。

　　小佳是绝顶聪明之人，学科对他似乎没有限制，反多借鉴。他本科学的是明清史，硕士改台湾史，博士则学社会学，毕业后从事心理学，很快以在顶级心理学刊物上频繁发表重要论文而著称。1996年，也就是他进入心理学领域后两三年，他在《发展心理学》(*Developmental Psychology*)上发表 "The Developmental Interface Between Nature and Nurture: A Mutual Influence Model of Child Antisocial Behavior and Parent Behavior" 一文，产生很大的影响，被认为开拓了一个新的研究方向，后来又得美国家庭研究会正式表彰，誉为理论与研究结合的典范。该文现已成为那一领域不能不提的经典论文，引用达数百次。

他的专业论文均以英文发表，所以国内人或不了解其影响有多大。说点今日一般人所关注的：2002 年得克萨斯大学奥斯汀校区请了十位对 21 世纪发展心理学有大影响的教授展望学科的前景，小佳便在其中。他曾是美国著名的 NIH (National Institute of Health) 的项目评审人，那一位置有多么位高权重，内行都知道。他也是世界青少年心理学会的执行理事 (member of the executive council)，并担任该会 2006 年年会的大会主席之一 (co-chair)，清晰体现出他在那一领域的世界地位。今年三月在费城召开的美国心理学年会，特意为他举办了纪念会。

小佳一向为人低调，近年他做了很多为他人帮忙的善事，为朋友，为中科院心理学所，为各式各样的人，就是很少为家人，为自己。若他还在努力，我不会把这类世俗的名位挂在嘴上。但我们确实应记住，世界上还有这样一位著名的华人心理学家。现在中科院心理研究所已将他帮助建立的行为遗传学实验室和少年双生子库命名为"葛小佳青少年发展与行为遗传实验室"，四川大学也将在历史文化学院设立以葛小佳命名的优秀论文奖，让那些认真研究的学子得到鼓励，并知道他们曾有过眼界何等开阔的学长。

在美国那种讲究竞争的社会，凡有所成就者，专业压力都相当大。然而小佳不仅想着中国的心理学界，也没忘记他始终保持兴趣的文化和历史。他能写出本书所收入的这些文字，真正可说是"拨冗"而为。在我为初版写序的时候，他曾从美国来电话，特别提出要说明我们这些文字都是诚诚恳恳用心力认真写出的。这虽然有些像戏台上自己喝彩，却是出于对读者的尊敬，以及个人的自重。

本书各文的写作缘起，初版序言已略述及。今日不少享大名的海外学者，当年即由本书首次介绍到中国。近年不少青年学子对我说，他们对海外汉学的了解，就是来自此书。然此书坊间早已售罄，借阅则不甚方便。曾来联系再版的出版社，其实也有数家，过去都辞谢了。适社科文献出版社新推出"书与人丛书"，拟纳入其中。这次是故人出面，且小佳也忽然驾归道山，遂使再版之事不能不重新考虑。

这一次的修订，除订正文字讹误外，内容基本未作改动。初版中几篇针对今日学风士风的商榷文字，凡我所独撰者，在修订本中已删去。增添了一篇小佳评王汎森兄《傅斯年传》的遗作——《重建傅斯年学术与生命的历程》，是兆光兄据手稿整理的。回想我们合作的第一篇书评，也是评汎森兄青年时的旧作，或许即是一种缘分吧。

　　小佳匆匆离去，已经一年。本书的全部版税，都会捐助给四川大学的"葛小佳优秀论文奖"。所以我要衷心感谢社科文献出版社提议再版此书！

2010 年 9 月 8 日

原　序

　　文化评论大约是近一二十年才"兴起"的一种文体，比通常意义的"散文"或者要稍稍正襟危坐一点，但又不能严肃到像以前电影上的政委那样不苟言笑。如果用科举时代的文章标准来比拟，则考秀才时主要看文辞的美恶，文章要做得空灵；考举人的文章就要有点所谓书卷气，多少要体现一些学问，不能太空；而考进士则学问一面要求更高，需要在讲究文辞的基础上尽可能表现应试者的学问功力。文化评论大概就有些类似于举人的文章，要在淡淡的书卷气中依稀透出几分空灵，其实也带点我们中国文化特有的那种希望鱼与熊掌兼得的中庸意味。

　　今日文风不古，学术论文不少是文辞和学问都未必佳，固不必论。通常学问一面还过得去的学术文章，也大多不复讲究文采，能做到"辞达意"又"言能文"者，实在已罕见。而一般的散文似乎又不太离得开风花雪月（以雷锋为题材而能写出使人颇思一读的散文者，并世恐无几人）。这样的语境也许促成了文化评论这一介乎普及与提高之间的文体逐渐流行，恐怕也是立意于雅俗共赏的《读书》

杂志能够销量大增的原因之一。而《读书》杂志本身又有意无意间塑造出一种类似文化评论风格的书评体裁，即不必像专业书评那样必须准确概括所评书籍的内容，且所论有时也不一定紧扣原书主旨，常常可以借题发挥。

本书所收的是葛小佳（署名葛佳渊）和我（多数署名罗厚立）合写以及我个人近几年刊发的一些文化评论和读书心得，其中一半以上是刊发在《读书》之上。如今小佳远在美国，这个小序只能由我独自执笔了。我们都是有"专业"且以专业为吃饭之"正业"的学人。有些专业方面的朋友是很反对花时间来写这类文章的，因为这多少总要针对和因应写作当时的学风世风，难以传之久远。但编辑方面的朋友则以为应该多写这类读者范围或更宽广的文字，以稍尽所谓读书人的社会良心。我们的这些文章，即是在《读书》杂志于二十世纪九十年代头一两年似乎一度缺稿的情形下，受一位与《读书》关系较深的朋友之托而开始写作的。说句老实话，从那时到现在，我们的专业压力都相当大，这些文字真正可说是"拨冗"写出。如果不是《读书》和其他刊物的编辑朋友（以及关心这些刊物的非编辑朋友）们的敦促，几年间要写这么些非专业的文字，实难想象。

但正因为在游泳中学习游泳，又多半是赶着写，其结果很可能是鱼与熊掌都未能得。对一些希望看到点"什么"的读者来说，这些文字恐怕已过于随意，甚至与"学术规范"有了距离；在另外一类读者看来，或者仍觉太过迁远，书卷气还是稍嫌浓厚。好在我们并无像陈寅恪他们那样具有想要"转移一时之风气"的使命感（中国传统士人原无西方传教士那种强烈的文化使命感，汉代人所说的"澄清天下"似乎更多是指事功而言，宋以后的士人明显偏重"触及灵魂"层面的努力，我颇怀疑是受了禅学的影响），从一开始就既不希图闻达（所以不用本名），也不奢望要影响什么人；既不敢云"提高"，也无意于"普及"。不过读书阅世，思而后有所得，希望借此以文会友，或者能从思想交换中获得一些进益，如此而已。

文化评论的随意性（与学术论文相比）似乎使写作略容易，唯在今日信息爆炸的时代，读者的时间和刊物的篇幅都比历史上任何时候更加有限。当此之时，若随意制造文字垃圾，真可以说是犯罪。故我们这些文字，虽然粗浅，却皆是诚诚恳恳用心力认真写出。我们写作的基本准则是不趋时、不趋世，有心得方下笔，不作无病呻吟，亦不敢逢场作戏。知我罪我，乃在读者。这一点小佳在电话中特别提出要说明一下，当然绝非自以为是，不过出于对读者和刊物的尊敬和个人的自重。依我们的陋见，文化评论究竟与抒情散文不同，写作时固然不妨比写学术论文更加"率性"一些，但既然是写给别人看（特别是有阅历不深的青少年可能要看），总以多少有点"作圣"的责任感为好（当然，若有意"作圣"，便会失真，这也非我们之所欲）。

本书之所以名为"东风与西风"，并不是觉得其中一篇以此命名的文章特别好，而主要是因为多数文章的内容或涉及中国文化，或涉及西方文化，有时更兼及两者的异同。我们都是学中国历史出身，后来又多少受过一些西方的教育；深感不仅西方对中国有许多误解，在我们已经尊西崇新一百多年的中国，国人对西方文化学术的了解仍可说仅及皮毛（包括《读书》在内的一些尚有地位的刊物，近年刊发的有些论及西学的文章，便时有"背塔说相轮"的情形）。更为不幸的是，同样由于百多年的尊西崇新，到我们的上一代人就已对中国传统甚感模糊，以后更是每下愈况，结果造成今日一些有影响的学者拿西方文化作我们的"传统"、而我们的"国学"家与"后学"家也依稀难辨的严重错位现象。

约一个半世纪前，马克思和恩格斯在《共产党宣言》中说："资产阶级……把一切民族，甚至最野蛮的民族都卷到文明中来了。……它迫使一切民族——假如他们不想灭亡的话——采用资产阶级的生活方式；它迫使他们在自己那里推行所谓文明制度，即变成资产者。一句话，它按照自己的面貌为自己创造出一个世界。"假如把"资产阶级"换为"西方"，这一预测与此后百多年的世界历史发展实惊人地若合符节。

但西方"用来摧毁一切万里长城、征服野蛮人最顽强的仇外心理的重炮"却不仅是马恩所说的"商品的低廉价格"。强大的军事实力与经济能力一起使西人的文化自信大增，同时也提高了西方文化对非西方人的吸引力。这在近代中国有着非常充分的体现：万里长城之内的青年鲁迅在 1903 年的《自题小像》一诗中曾以一句"灵台无计逃神矢"沉痛地应和了马恩的话，而彼时开始兴起的尊西崇新大潮似乎至今未衰。

这一现象最宜用意大利马克思主义者葛兰西（Antonio Gramsci）的"文化霸权"理论来解释。我们国内许多人对"文化霸权"理论的理解都有些偏于从中文词字望文生义，特别注重居于强势一方的强权控制。"控制"（domination）当然是文化霸权理论的一个关键词，但若只看见这一面，就陷入另一左派思想家马尔库塞（Herbert Marcuse）所说的"单向度"（one-dimensional）思维模式。其实，文化霸权的形成与维持，不仅有支配群体及其文化强势控制的一面，而且有被支配群体因各种历史和时代原因对霸权文化大致接受甚而主动赞同的一面（这最有助于理解马克思所说的工人阶级"自在"而不"自为"这一现象）。在一定程度上，"文化霸权"有些类似中国上古三代时的"共主"：其对从属者未必要求绝对服从，实则常常只要求承认其"共主"地位及不挑战即可。这其间还有许多细致微妙的讲究，读者可以去参考原书，但有一点必须注意，即"文化霸权"是"双向度"的。

当然，霸权下的弱势群体对强势文化的倾羡和趋附，也一直伴随着憎恶，在这一强势的形成依赖于非文化因素时，更是如此。美国政治学家亨廷顿（Samuel P. Huntington）在去年出版的《文明的冲突与世界秩序的重建》(*The Clash of Civilizations and the Remaking of World Order*)一书中论及一个非常有意思的现象:当非西方国家在追求以富强(特别落实于经济和军事力量)为标志的"现代化"时,它们竞相往西方寻求成功的秘诀;而在这些国家达到相当程度的"现代化"后,又纷纷转而声称是其本土文化——而不是从西方寻来的秘诀——促进了它们的成功。亨廷顿因而推论:国家的富强可能导致本土文化的复兴。前些年关于所谓"东亚模式"经济发展的讨论,正是这一现象的典型表述。近年中国经济的迅速发展与"国学热"的同步,似乎也预示着类似现象的出现。

但是近代中国有着与其余东亚国家颇不相同的历史经验。在日本,"和魂洋材"说从来没有落到"中体西用"论在中国那样悲惨的结局(后者在中国思想言说中迄今仍是一个负面意义为主的"落后"术语);近代日本许多"国学家"正是改革的促进派(其实中国亦然,不过因为当时还有更趋"新"者而显得"旧"),故"国粹"在日本基本不是一个负面词语。在韩国,由于曾经陷为殖民地,更加感到本土文化的珍贵,反传统的思潮虽也曾出现,却不像在中国那样成为主流。而在中国,部分因为强势文化采取了打压和劝诱相结合的策略(不一定是预谋的),尊西趋新及与此相关联的反传统观念在思想界长期居于(或隐居)正统地位,其流风不散,以至于今。

故中国传统的崩散远甚于日、韩等国,到今天恐怕只剩那些居于"深层结构"之安身立命的基本价值观念尚部分存留，余者多已进入博物馆，要经专家鉴定并释读后始能供游人观览（也仅仅是观览而已）。同时，今日"国学"与"后学"的异曲同调，特别是其既不"国"也不"后"的层面，更揭示了"专家"不专的隐忧。

这就产生了一种颇不乐观的可能性：当中国真正能够以西方的方式做西人曾经做到的事甚而做得更好（几十年来不断重复的"某事西方人用了多长时间做成、而中国人却只用了多短时间就做成"的流行"话语"，最能提示赶超西人并驾而上之这种心态的持续存在），因而出现亨廷顿所推论的本土传统文化复兴之需求时，包括"专家"在内的国人对传统文化实已甚感隔膜。结果，本土文化的复兴恐怕将类无源之水，虽得一时之盛雨而成潢潦，却难以长流。

不能立足于传统或与传统接榫的"现代化"，其实并不会是有些人担心的"全盘西化"（诚如亨廷顿所言，有些地方恐怕是"化"不过去的），但会是一种怎么样的"化"呢？骡子比驴强壮、比马耐劳，但要繁衍似乎只有"克隆"一法。这样的文化"复兴"，大约不是人们所向往的吧？

二十世纪初胡适在欲为中国"再造文明"的同时也鼓吹"充分的世界化"，那是受了"天下一家"的传统思想影响（或者也因为他所学的专业是意在高远的哲学），总希望有一个超越民族文化认同的大同世界的存在。近百年以及前此数千年的人类历史经验提示，这样的理想在可以预见到的将来恐怕仍只能是个名副其实的理想（亨廷顿将此说破，最为与胡适心态相近的中国人所不乐闻）。谁都希望二十一世纪的世界是个冲突更少的世界，但努力的方向也许不是人们常说的求同存异（人类诚有共性，同者自同，原不必求；而人类各文化族群亦自有其个性，求也未必能同），倒是孔子提倡的"和而不同"和庄子主张的"以不齐为齐"，或更适合于不同文化的族群共处，也更有实现的可能。

今日世界的融合与互动已达不可能自我封闭的程度，不论何种文化或教义，皆已不存在完全纯正不杂者（故即使所谓的"原教旨主义"也不过是一种态度的强调而已）。但要能够真正汲取他文化之长，则一要立足于本土文化的坚实基础，一要努力做到朱子所说的"虚其心"，即西人所谓"心灵开放"（open mind），平等对待本土文化与异文化。近代的"中学为体、西学为用"说，其最大问题即在于它隐约道出将不同文化视为有高低之分的体系这一价值观念。在这方面，持"中体西用"说者与尊西崇新者实质上并无两样，其区别不过在于中西文化何者高何者低而已。存此一念，则即使当时双方大部分人的实际目的均侧重在引进"西学"，仍难以真正汲取西学。

要朝"和而不同"的方向努力，首先要能既充分了解自己，又对异文化及异文化群体产生真正的"了解之同情"。而这一努力的方向恐怕不是去求同，而是先分清人我之别，即不仅弄清楚"我是谁"这一认同问题，更要能将"非我"（the other）真正当作"他人"来理解。这是我们的文章常常注目于梳理中西文化异同的一点初衷。

就西方学术成果而言，只有循西方文化体系的内在发展理路去解读其具体的研究，才能弄清其心意所指；必有此理解，才谈得上对话、批评与借鉴。我们在评介一些西方汉学（包括中国研究）书籍时，总试图说明其产生的学术语境。盖汉学在西方是边缘学科，除欧洲少数经典汉学著作有与近代西方经学（Classical Studies）相近的特有传统外，大部分汉学研究都是循西方学术主流而波动的；若不了解其主流，也就难以读出其所欲言。

同样，读今日国人的学术著作，甚至讨论今日的文化动向，恐怕也要通过论世而知书知人，根据其所处的语境来探索其有意无意的时代今典，然后或可以产生"了解之同情"。我们在写作时也曾有意朝这方向努力，但是否真有所获，则仍待读者的教正。如今不仅有所谓"泡沫经济"，文化界和学术界的"泡沫"现象大概都已到达前所未有的程度。本书中有几篇文章，都带点"说不"的味道，多少表明我们对今日士风学风觉得尚有可商榷之处。我们也知道这类文字不合时宜，但也许是"作圣"之心稍重，有时确有不吐不顺畅的感觉。

以前办报办刊之人最喜出现争论，以为可吸引读者。近年人之常情恰相反，大家都互说好话，或各说各话，商榷性的文章颇不受编辑的欢迎。记得我们前几年写过一篇与人讨论的文章，结果在刊物放置了比往常要长得多的时间，最后刊发时在作者署名前面被冠以"留美学人"的头衔。这不啻是一个"编者按语"，大致意谓此等人居异邦太久，已不谙华夏礼仪，被讨论者不与其一般见识可也。类似的情形我个人在好几次学术研讨会上也有所体会：凡出现说点不同意见之情形时，便有朋友出面说这是出于好意，而会下则必进而说明此人在外国甚久，对国内"学术规范"生疏，尚乞见谅云云。我后来也颇思有所改正，无奈修养不到家，顽梗之性仍偶有表露，这是要先致歉意的。

本书各文除错别字的校改和一些西人西字的汉译有所改动外，仍依其刊发时的原样（个别文章原有少量注释，已删去或并入正文）。非谓高明到可以一字不易，也不敢自谦到以为数年间学力毫无进步，实欲保留观念与文笔之历史原貌，以志在一个急剧转变的时代中一二学人应时而发的心声，或可作为将来研究二十世纪末士风、文风，以及世风的一点材料。

1998 年 1 月 8 日序于四川大学桃林村

万里长城的历史与迷思

以前常从普及读物里看到：人类所有的建筑物中，只有长城可以在太空上用肉眼观察到。可是前年出版的林霨（Arthur Waldron）教授的大作《长城：从历史到迷思》却告诉我们这不过是个"迷思"（myth）。而且这个"迷思"起源甚早，远在载人卫星上天之前六七十年就已形成。而直到今天，尚无一个宇航员曾报告说看到了长城。不仅如此，我们今天关于长城的许多观点，实在也都是"迷思"。其中不少就像这个"迷思"一样，是从西方进口的。西潮东渐的程度，看来比我们通常所认识的还要深入得多。

关于西潮东渐，过去西方汉学界对近世中国史的著作，常遵循一种西方冲击、中国回应的模式。其特点之一就是无论对西潮冲击是褒是贬，都忽略中国自身从政治经济社会到文化思想的内在发展。二十世纪六十年代后，美国学术界逐渐"左"倾。在此大潮中的不少美国汉学家们，往往因西方过去侵略中国而产生一种负疚感，所以倡导一种要"在中国发现历史"的研究取向。柯文（Paul Cohen）教授以此为题著有专书，前几年已由中华书局出了很不错的译本。这个新的研究取向当然是一个可喜的现象，可是读了柯文一书仍不免觉得有些"隔膜"。盖柯文一书主要是对七十年代以前的美国汉学界主流进行批判的反思，而从中国的视角观之，其所批评的一些主要观点不仅不错，实际上可以说还认识发展得不够。

对于这些问题本文不能一一涉及，只举一个简单的例子：柯文批评了费正清学派关于西潮入侵以前中国只发生"在传统范围内的变化"的观点。虽然柯文正确指出了费正清等人所注重的是中国的不变即缺乏西方那种"根本转变"的一面，但柯文在批评的同时将这一观点本身亦视为不妥而摈弃，则不免矫枉过正了。实际上，费正清诸人或许是无意识地触及了儒家或中国文化发展的主流中的一个根本要点，即出新意于法度之中。在传统范围内变，即温故而知新，正是两千年来中国士人所追求的理想境界。若从此角度去探索，或可解释为何西潮未到或初到中国时，士人总是"回向原典"去寻找变的思想资源。到西潮大盛后，才接受近代西方破而后立的所谓"超越进步观"，与传统彻底决裂。费正清等若沿此取向研究，本可证明西潮的冲击对中国的影响实超出一般的认知。柯文等若依照这一真正中国式的"在传统范围中变"的取向，本来也可见到费正清等所不曾见之处。惜乎柯文等在安身立命处恐怕也是秉承超越进步观的，所以将前一辈破得太厉害，无意中将其好处也破掉了。

林霨本人虽然出自哈佛，也曾撰文对费正清学派有所批评，但他的研究范围仍在较传统的政治军事外交史之中，所以有意无意间恰符合中国"法而后能"的取向。其人文笔极佳，言之既文，行之必远。书出以后，颇获佳评，被美国"史书俱乐部"选入，包销两千五百册。两年间该书已印出二版，最近更出了意大利文版。在学术著作一般销售不上千本的美国，这样的接收率是不多见的。不过林著的主要价值还是在其"变而后大"的一面，所以美国《出版商周刊》将其誉为是改变了西方对中国基本构想的几本书之一。

林著变而后大的一个特点，即在其熔古代近现代为一炉。美国的汉学，古代和近代几乎是两个不同的学派。前者相对更重史实，后者则偏重诠释。古代史学者通常更多或更易于接受一些中国的观念和认识方式，近代史学者则更多以西方的观念模式来认识中国。这当然只是言其大处，古代史学者中自不乏以希腊罗马中世纪模式套中国者，近十多年许多近现代史学者也日渐主张应以中国为中心，更有人明言应学习古代史的学风。但直至今日，两者在学风上的差异仍十分明显。例如柯文就曾指出，费正清等编著的《东亚史》的古代部分和近代部分，在风格上有时自相矛盾。这就是双方学风相异的显例。

林霨《长城》一书的论述，从先秦到二十世纪八十年代，跨度甚大。但其重心，则是明代的长城修筑及其相关的政治军事外交问题。这样一种突破常规的布局自有其风险。盖一般言史，或以断代或以种类区分之，而林书不仅时间上下延伸甚远，类别上亦不能简单以军事或外交或建筑史概之。实际是一史学范围内的跨学科研究。这在今日极讲究名分认定（identity）的美国学界，自易引出名份不清的问题。其间的祸福利弊，恐非一言能蔽之。

林著能"变而后大"，很大程度上要归因于林氏突破常规的取向。林氏对人们视之为当然的历史"事实"和历史观念均不轻易接受，而是批判地印证。的确，这是一部对西方流行的"中国世界观"概念进行挑战的力作。依以前西方流行的看法，中国的历史发展是一个边界清楚和文化内凝的连续进程，即以长城为屏障划分夷夏，华夏族在关内基本不受打扰地自在发展。而中国的对外关系，亦在文化决定论的夷夏观之影响下维持连续和稳定。林氏以为，这些观念或多或少都有问题。而其根本性的挑战，则在于破除传统的文化决定论。

林氏指出，中国几千年发展中的变与不变、胜败长短，并非全由文化决定，而常是特定时代的具体政治风云或政策争论的结果。具体言之，北方游牧民族的南来，不仅给中原政权造成军事政治困扰，同时更触及中国的名分认定这样一个根本问题。换言之，"中国"首先是一种文明呢？还是一个国家？是国家，则种族和地域的界定均甚要紧。是文明，则不必以种族地域分夷夏。如是，则以修筑城墙来隔断某些民族和地域，从根本上是与中国文化中的天下（Cosmopolitan）倾向背道而驰的。这样一个名分问题在中国历史上渐成道义问题，感情成分甚重，而且从未被确切地回答过。

实际上，从先秦起就有筑墙拒北方游牧民族之举，历代筑墙者亦不少见。但长城在军事上从一开始就并未起到屏障作用。今日所见的长城，主要是明代修筑的，就不曾能阻挡满人南下。清初几位皇帝的"御制"诗中，常有挖苦长城无用的句子。长城既无作用，各朝代仍须自己重新界定其北疆，界定时也并无一条固定的界线为依据。所以中国北疆的走向历代始终不定，有时广袤而开放，北向甚远。由于包括各族住民，其时对中国概念（Chineseness）的界定即趋天下的倾向，文化也并不内凝；有时则窄而关闭，疆域约仅包括农耕的汉族或更小，此时对中国概念的界定则采民族的倾向，夷夏之分遂清。故长城的修筑与否，并非仅在文化决定论的夷夏观影响之下。各朝或修或不修。即使在修筑长城的那些朝代，比如林霨集中讨论的明代，修城也是几个选择中的一个。历史上和亲与远征，都曾是得人心的举措。明代是在这些选择都办不到时，才确定筑城的。

林氏认为，某些举措之所以不能被采用，常常也并非依其本身的功效利弊而定，反而在很大程度上归因于帝王与士大夫之间的权力之争。这样的争夺在中国历史上的一种表现形式即宫府之争，一般又称为"道"与"势"之争或道统与治统之争。其由来既久，而且从无制度上的根本解决。一般而言，帝王将中国视为朝代的，将政治视为血统的；而士大夫则将中国视为文化的，将政治视为道德的。这部分是因为晚周"礼崩乐坏"之后，贵族式微。以孔子为代表的儒家主张以教育的尊贵来代替血统的尊贵，最后完善成科举制度。故特别增强了士人强调文化教育重要性的倾向。

更重要的是，士人与帝王之争，在某种程度上不啻是口与手之争。士人要争取的理想境界是君子动口不动手。要做到这一点，只有给"中国"一个独立于朝代之外的客观文化界定，强调道义为政治的基础。由于强调文化区分，其中国概念是民族取向的。但是口终斗不过手。中国历代思想意识活跃皆在乱世，几乎已成常态，便是口斗不过手的明证。故帝王强大时，以其个人力量和血统为统治依据，对中国概念的界定则是天下取向的，对外族问题也更容易灵活处置。不过口虽斗不过手，手也终不能征服口，实际上也离不开口。结果是双方又斗争又协作，两者并存。林氏以为，这种对中国概念的文化界定和朝代界定的并存，恐怕正是中国得以长久持续统一的一个重要因素。

盖士人强调道义为政治之基础的好处，即在于其可在帝王强大时借道义为依据批评帝王，而在帝王太弱时又可借道义为凝聚社会的基础。但文化界定的宽严失度，颇易造成政策冲突无法解决。以边界为例，在帝王看，其所控制的便是领土。从文化看，就有必要采用一种具有超越约束力的夷夏区分。结果是对外政策实际上处于政治内争的影响之下。官僚间的政争和政策之争，通常也被道德化。而道德判断一引入政争，妥协即不可能。盖争斗的双方必不断提高政争的价码，以在"道义"上压倒对方。故在对外政策上要接受"化外"民族为平等或与其妥协，实在难上加难。于是贬和平为出卖，以高不可攀的理想为实用措施的对立面，通常都能使重实效的政策失去立足点。

故林霨的结论，中国对外关系的一个特征即将道德判断注入政策争辩，由此而引起另一个特征，即不妥协。在此二特征影响下的中国对外关系，绝非持续而稳定。常见的倒是分歧，因政争而成僵局。明长城即是这种背景下的产物。其既未起到隔断夷夏的屏障作用，也不是什么文化一致的产物，说到底不过是政治分歧或政策争论的结果而已。

不仅如此，长城在中国历史上也绝非一直是正面象征。相反，从汉代起，长城在中国的上层和民间文化中，都是与失道而徒恃武力的"暴秦"相关联的负面象征。从贾谊的《过秦论》，到汉乐府诗以及民间的孟姜女传说，无不如此。明代筑城，为趋避此恶名，乃呼为边墙。直到八十年代中，明长城下的农民仍称此长城为"老边"。也是在明代，长城渐为欧人游记所提及。初尚平实，所说长城的长度不过几百英里。到明长城完工后，欧人记述的长城尺度日涨，并渐附会为早年的秦长城，更增加其神秘性和吸引力。到十八世纪，西方许多关于中国的"迷思"在欧洲形成，长城亦然。其中启蒙主义大师伏尔泰居功甚伟，英人则首推那位不向乾隆皇帝磕头的特使马尔戛尼。从这时起，长城渐被捧为人类奇迹。到十九世纪，近海滨一带老龙头嘉峪关一带的明长城，已成旅华洋客常去的"秦长城"胜地了。

通俗文化声势一大，也要影响精英文化。约在此时，西人的历史理论中也渐将长城引入，多少或与西方传说中的亚历山大墙附会，关于长城使匈奴不再南下，遂北向而使罗马覆灭的说法渐成通论。到十九世纪末，现在流行的关于长城的观念已完全树立，并开始引起想象。唯一能从太空看到的人类创造物的说法即源于此时，到二十世纪初已广为西人所接受，在各种读物中常可见到。

随着西学东渐，这些有关长城的观念又回到中国的怀抱。一九一八年，孙中山在《孙文学说》中尽采西人成说，视长城为中国最伟大的工程，并援孔子赞管仲意表扬长城说："倘无长城之捍卫，则中国之亡于北狄，不待宋明而在秦汉之时代矣。"孙氏虽援西说，实抓住了当时中国的需要。盖民国虽然代清，因传统帝国崩溃而在中国文化中心造成的空白，却未被填补。对中国这样一个依靠统一性和象征性的文化秩序来维系凝聚力的国家，将长城转化为一个正面象征，正适应了这一需要。长城形象在中国的时运就此逆转。

但这转变是缓慢而不完全的。民初的新文化运动中人便不似孙中山这样积极地看待长城。鲁迅曾一言以蔽之："所谓长城，其实，从来不过徒然役死许多工人而已，胡人何尝挡得住。现在不过是一种古迹了，但一时也不会灭尽，或者还要保存它。我总觉得周围有长城围绕，这长城的构成材料，是旧有的古砖和补添的新砖。两种东西联为一气造成了城壁，将人们包围。何时才不给长城添新砖呢？这伟大而可诅咒的长城！"

鲁迅所见的"旧有的古砖和补添的新砖"，分明都非褒义，其中自有言外不尽之深意，但其表达的新文化运动诸人对长城的负面看法，则是明显的。实际上，如果说长城在军事上从未能起到多少屏障的作用，其"将人们包围"的功用恐怕也没有新文化诸人想象得那么厉害。

林霨以为，"九一八"之后，中日间的战争将人们对长城爱恨皆有的情绪转化成一种民族主义的情绪。毛泽东的"不到长城非好汉"和田汉的"把我们的血肉，筑成我们新的长城"都体现了一种以长城为边防的含义。这种意义到"文革"时仍为毛泽东沿用。但田汉的歌词到底也暗示了"旧的长城"在军事上的无用。故长城的形象仍具鲁迅所见的两面性。

而传统的文化中国与民族中国的概念界说仍是不清晰的。中国既已成世界民族之林中的一员，自必采西洋近代民族国家的界说。但在思想上，文化中国仍有生命力。美国的杜维明教授便正在提倡一种"文化中国"说。不过杜氏的"文化中国"在疆界上是天下取向的，在种族上恰是民族取向的，这与历史上的文化中国已大不相同。

林霨特别以台湾和大陆先后送给联合国的礼物为象征来表达文化中国和民族中国在思想上界说仍不清晰的情景：台湾所赠是刻有"大道之行也，天下为公……是谓大

同"一段古训的匾牌,代表一种以个人的而非民族的道德
为基础的天下和谐的文化观;大陆所赠则是一幅象征着民
族国家的以长城为图案的挂毯。但是不管将来的发展如
何,长城作为一个多面的中国象征仍会屹立在那儿;同时
又像一面镜子,照出外部世界对中国社会和中国文化的异
想蹁跹。

Arthur Waldron, *The Great Wall of China: From
History to Myth*, Cambridge University Press, 1990

原刊《读书》1993 年 7 期

道统与治统之间

　　传统中国政治的理想模式是"治教合一",即在教化的基础上实行治理,而两者又相辅相成,不可或缺。如《礼记·中庸》所说:"虽有其位,苟无其德,不敢作礼乐焉;虽有其德,苟无其位,亦不敢作礼乐焉。"从汉代贾谊说"有教然后政治也,政治然后民劝之",到近代张之洞说"世运之明晦、人才之盛衰,其表在政,其里在学",这一理想型政治的观念一直延续下来,成为士人的努力方向。

　　但是真正的"治教合一",一般认为只有在"礼乐征伐自天子出"的"三代"时曾经实现过,那是所谓"天下有道"的时代。在那之后,德与位难以两全,实际的结构已是"治"与"教"分为二统,由领有天下的君主与士人各司其职,分而治之,合而应付作为象征的理想。《新唐书·礼乐志》说得很明白:"由三代而上,治出于一,而礼乐达于天下;由三代而下,治出于二,而礼乐为虚名。"

　　"道统"与"治统"作为专用名词出现固然晚到南宋以后,但二统的分工早就非常明显。公元502年,梁王萧衍迫齐和帝禅位自代,琅邪颜见远"不食数日而卒";萧衍大不以为然地说:"我自应天从人,何预天下士大夫事,而颜见远乃至于此。"萧衍的意思,当然是士大夫应虑之事只在道统的范围之内;至于治统的传承,本是分配给君主考虑的事情,不劳士人多虑。

不过萧衍忽略了一点:正因为二统在理想上仍是合一的,士人一直在利用道统所赋予他们的"解释权"(借用今日西来的概念)对治统实施批评和一定程度的干预(包括支持与抵制)。换言之,"治教合一"的理想及道统的存在是士人与皇权周旋甚而抗衡的理论支点;如果治教二统真的实现"合一",礼乐就必须"自天子出",则士人除了服从与颂扬外,大概就只能如后来提倡的那样"为学术而学术",既失去了批评治统的权力,也不存在干预的义务。

在中国历史上,由于"三代"政治过于美好(这也必须从古代中国的政治观去看才如此),历代君主几乎没有敢于自诩已达到或接近"三代"水平者。但在清代康熙帝统治时期,居然就出现了一个与"三代"已相等或甚而过之的时代,而且这一认知还是朝野上下许多人不谋而合的共识。"三代"之治再现于"夷狄"之朝,真使人感叹不已!

本来"三代"政治的美好层面都因"文献不足征"而颇为模糊(这样如雾里看花,有可能更美好),如今却有了一个文献资料丰富到足可供分析研究的"典型",可惜或许因为对"夷狄"王朝的忽视,两百多年来似尚无人从此视角考察这么一个有意义的时代。直到十年前,黄进兴先生才撰写长文对此进行了深入的剖析。这是他关于"皇帝、儒生与孔庙"这一系列研究的第一篇，从那之后的数年间，黄先生又抓住孔庙这一使道统形式化和制度化的产物，通过解读孔庙及相应的官方祭祀体制的形成与发展演化，以数篇分量甚重的文章考察分析了一千多年间中国治统与道统（或政治与文化两大力量）的交集与彼此互动。

远古政治很重视天人关系，到春秋战国时政治所重已明显转到君民关系以及由此而衍生出的君臣关系。天既已退居二线，总要有新的最高权威。儒家根据"君君、臣臣（君不君则臣可以不臣）"这样一种类似契约的相互职责关系，提出了"道"为共同在上的最高权威。而法家和黄老学说一边则主张最高权威应是集精神物质于一身的君主，由此而发展出系统的君尊臣卑说。儒家学说实际上是主张存在道统与治统两个系统，而法家则强调治统即道统。此后的两千年间，"道高于位（治统）"和"君尊臣卑"两大原则就像一个钱币的两面，与传统中国政治共始终。两者之间有斗争有妥协有融合，总的趋势是前者在理论上为士人所推崇，而后者在实际政治中得到贯彻。

以前的人爱说法家厚今薄古，由此看来，法家的观念恐怕还更接近"道治合一"的古义；而以好古著称的儒家，反提倡了一套革新的政治理论和制度。同样，秦人实行的"以吏为师"，正是"道治合一"基础上的古代正途；反是经过儒家整理改编的"诗书"，提倡什么超越于治统的道统，才是经"温故"而提出的"新生事物"。孟子说孔子是"圣之时者"，的确是深有体会的心得，最具

"了解之同情"。正如近代中国的新旧势力每互为表里而不易区分一样，我们关于先秦时"保守"与"革新"的种种既定认知，或者也还需要进一步的反思与重新梳理。

道统与治统之分落到实处，便是其载体士人与君主。二者之关系真正接近道高于位的时候，也只是在战国中期，那时因国际竞争日益激烈，各国对士的社会需求极甚，士的地位达到高峰。故孟子将士与君的关系具体到师、友、臣几个层面。从士的一面言，荀子明确提出"从道不从君"。由君的一面看，郭隗对燕昭王说："帝者与师处，王者与友处，霸者与臣处，亡国与役处。"这段话的意思如反过来读，即"与师处者帝"（余类推），与孟子所说，正相表里。

清儒梁廷枏说：道本空虚无形之物，寄于圣贤之身则有形，有形故曰统。道统之形必须落实于孔子及其传人，而其制度化的象征则孔庙。如宋元之际的熊铄所说，"尊道有祠，为道统设也"。春秋时孔庙已立于孔子故宅，但那是家庙。到南北朝时开始在京师设立官方的孔庙，到唐代则正式确定为国家祭典，从制度上落实了"尊道"的观念。唐代并谥孔子为文宣王，又令天下州县学皆立孔庙。唯因周代最高为王，孔子不宜再升为帝，宋代以后只能在谥名上不断升级；宋代并封孔子后为衍圣公，子孙世袭。这都体现了历代治统对"道统"的尊崇。

不过，道统一旦制度化而成为国家祭典，其存在与演变即须获得治统的认可。能封者也就能削，故后来有明世宗的改制，大降孔庙祭礼的规格，并以圣人之尊"在道不在爵位"（这本不错）为依据，削去孔子的王爵。结果是治统决定道统的尊崇程度，孔庙一旦脱离民间信仰的范畴，其发展轨迹就"自始至终、彻头彻尾展现了官方的性格"。而君主也有意识地利用这一"尊道"的制度，强化其统治的合道性。正如清雍正帝所说：孔子立教垂训，其核心即"辨上下"；如果"为君者不知尊崇孔子，亦何以建极于上而表正万邦乎"？实行孔子之教，则伦纪明、名分辨、人心正而风俗端，其"受其益者尤在君上也"。

总体来说，治统因王朝的兴替而处于不断变化之中，道统则所尊崇的象征永久不变，其持续性要超过治统。道统的载体士人这一社会群体的存在及其集体行为，尤不可小视。同在唐代被追谥为"武成王"而与"文宣王"对应的齐太公，即因其"述作止于《六韬》，勋业形于一代"，勉强挣扎了几百年后，终被废祀。所谓"形于一代"，正透露出其缺少"传人"的消息。孔子与周公的盛衰更能说明问题：孔子所尊的道本是传自周公，而周公也确曾长期和孔子分占"先圣"这一头衔并最终获胜。但周公毕竟名分有问题，时而因曾摄政而被归入治统，时而又被纳入道统，在二统之间长期徘徊，又两边都没站稳。名分的模糊（特别是他作为君主昆弟这一不可企及的身份）决定了士人对他的敬而远之。廖平注意到："当今学堂，专祀孔子；若周公，则学人终身未尝一拜。"没有观众鼓掌的演员是不可能久居舞台之上的。周公与太公一样，因缺乏拥戴者而萧条。康熙时周公的后人上书朝廷说：周公"固与孔子并列久矣"，但现在祠庙凋零，祭祀微薄，连孔子的门生都比不上，可见其没落之一斑。

君主也认识到作为道统载体的士人这一社群的重要。从唐代开始，官方的孔庙也允许一些得道的孔门弟子与传人配享或从祀。此后从祀于孔庙即成为儒生的最高荣誉，是许多大儒及其传人的一个终极奋斗目标。儒生一方总希望通过道统意识来左右孔庙的从祀，但从祀与否虽然要经过廷议，最后的裁决权仍在历代皇帝手里，且皇室有时也有意识地利用从祀者的进退来引导和约束士人，故最足反映士权与皇权的微妙互动关系。由于孔庙从祀群体实即官方认可的儒学传承系谱，其发展演化的进程不啻一部官修儒学史。而历代选择从祀人物的标准也不时在改变：时而重"传经之儒"（即对儒学能传承即是贡献），时而又重"传道之儒"（即儒者自己要对"道"有所贡献，主要指学理上但也曾包括修身上的贡献），在清代经世之学兴起时，还曾一度看重"事功"之士。选择标准的转移，正反映出不同时代儒家思想的变迁。另外，因某些儒者正统地位的确立，而影响到学校教育所用的书籍及科考的内容，孔庙从祀制与科举制也始终关联，直接影响到士人的社会变动。

孔庙及相应的祭祀制度的确如黄先生所说，"包含了丰富多变的学术信息"。古代学术史、思想史甚而政治史上的一些既存诠释，可因此而得到印证；而一些因思想观念的歧异久争不决的重要问题，也可借此得到新的认识。

这样重要的事物长期无人重视，很能提示我们的史学研究其实有强烈的（虽然基本是无意识的）倾向性，特别是我们的思想史研究，尽管在编撰体例上已有极大的改变，但在研究对象及使用材料方面，似基本仍未脱出以前"学案"的窠臼。通过考察某一特定制度的长程演化来研治思想史及学术史，在大陆似尚不多见。视角的转换常能使人耳目一新，丰富人们对历史的认知。黄先生这一系列研究应能给我们以多方面的启示。

由于孔庙实介于道统与治统之间，君主对孔庙的行为就颇能象征性地表现二统的关系。公元 85 年，汉章帝曾到（那时说"幸"）曲阜孔庙致祭，颇有些表现，然后问前来致谢的孔门后裔孔僖道："今日之会，宁与卿宗有光荣乎？"孔僖对曰："臣闻明王圣主，莫不尊师贵道。今陛下亲屈万乘，辱临敝里，此乃崇礼先师，增辉圣德。至于光荣，非所敢承。"作为道统象征的孔门，并不承认圣驾亲临为光荣，反指出章帝是借上门礼拜以"增辉圣德"，表明即使在秦汉大一统实质上确立了君尊臣卑的社会秩序后，道统的超越精神及士人的自尊之气，也还时有透露。

的确，在儒家的君臣关系中，君要先尽到君的职责，臣才尽臣的职责。孟子说过："君之视臣如土芥，则臣视君如寇仇。"我们切莫轻视这句话的力量。一千多年后，明太祖读到这一句就大怒，认为非臣子所宜言，马上下令将孟子逐出孔庙，并令卫士射之。朱元璋也知道这一做法恐怕士人不会同意，故先下诏说，有谏者以大不敬论罪。

结果仍有儒臣钱唐愿意以身殉道，抗疏入谏说："臣为孟轲死，死有余荣。"道统与治统这样正面冲突的代价，即使专横如明太祖也知道非其所能承受，只好马上将孟子请回孔庙配享。可知士人的地位在明代虽已远不能和战国时同日而语，但所谓"封建专制"也终是有限度的。明太祖的专制在中国历史上可算最著者之一，也还不得不很快对道统妥协，这恐怕不是今日不读书而动辄谈"封建专制"的少年所能理喻的。

明太祖完全知道孔家的超越地位，也了解孔家态度的象征意义。洪武元年明军克济宁，元代所封的启圣公孔克坚称疾而遣子孔希学入京觐见，太祖对此颇不悦，笔谕孔克坚说，"尔孔氏非常人也。彼祖宗垂教于世，经数十代，每每宾职王家，非胡君运去，独为今日之异也。吾率中土之士，奉天讨胡，以安中夏"，是汉高以后第一个庶民出身而称帝者。"尔若无疾称疾，以慢吾国，不可也"。他显然知道孔家的态度对"吾国"与"胡君"之间何者被视为天命所归的重要性。明王朝向道统挑战也不只一次，如太祖即曾诏令孔庙祭祀只在曲阜实行，不必天下通祀（十余年后又恢复），明世宗更大改孔庙祀制。晚明时孔家人告诉谒孔庙的张岱说："天下只三家人家，我家与江西张、凤阳朱［即明皇室］而已。江西张，道士气；凤阳朱，爆发人家，小家气。"这是否即因为世宗的改制，不得而知，但其自我尊贵的豪气仍在。

与明代时而对道统采用直接打压的手段不同，清代对道统采用打压与"拉拢结合"兼顾的方式，则所获远比明代丰厚。盖压迫会导致反抗是力学定律，结合则反易得操纵之实。康熙时之所以能出现"二统合一"的说法，很大程度上得益于又打又拉的两面政策。而且当时的世风似乎也对皇室有利，因宋明理学家每以道统自高而空谈性理的做法已引起一些士人反感。僻处四川显然不在士林主流之中的费密，就认为"上古君师本于一人"，道统观念是南宋陋儒私立，"致使后之论道者，草野重于朝廷"，他根本认为"帝王然后可言道统"。

康熙时程朱学派的李光地劝导皇帝说："道统之与治统，古者出于一，后世出于二。"康熙帝"应王者之期，躬圣贤之学，天其殆将复启尧舜之运而道与治之统复合乎？"陆王学派的李绂则以更直接的"劝进"来抵消他一直公开诋毁朝廷正在提倡的朱子学的行为，他根本认为："我皇上功德至隆，咸五帝，登三王"；且尧舜所长不过事功而已，"我皇上于尧舜事功之外，探天性之秘奥，抉圣道之渊微"，故"超越古帝王实倍伦等"。两人都强调康熙帝在圣贤之学或圣道方面的成就，只不过李光地是希望，而李绂认为已实现"治统、道统萃于一人"。

康熙帝也不负所望，他既有开拓疆土之武功，而尤重文治。他读书的勤奋和广博当时就甚获赞誉，而一句"永不加赋"更足供任何儒生称道。尤具象征性的是，康熙帝曾亲诣孔庙，跪读祝文，对孔子行三跪九叩之礼。这一为历代帝王所未曾有的行为显然是有意为之，他自己就说这样"尊崇至圣,异于前代"。朝廷对儒生的拉拢显然有效,连反清大儒黄宗羲在晚年也承认:"古今儒者遭遇之隆,盖未有两。五百年名世,于今见之。"这虽是指具体的人(徐乾学),也适用于泛指。故雍正帝后来可以毫不犹豫地明言:"我皇考金声玉振,集五帝三王孔子之大成。"康熙时代已实现二统合一的说法,渐为很多人所接受。

元儒杨维桢曾提出:"道统者,治统之所在也。"康熙帝也说:"万世道统之传,即万世治统之所系。"两人都要以道正统,其所言看起来没有什么两样。但杨氏的观念不过是儒生一方面的理想,皇帝有此想却可"落实在行动上"。这是根本的区别:由于士人决不可能兼治统而有之,则如果二统合一,只能是治统把道统兼过来——"治道合一"其实只可能落实在君主身上。故对儒生来说,"治道合一"作为可望而不可即的理想,无论怎样推崇都可以;如果理想"真正"实现,二统均无存在的必要,当然最好。但若二统实际仍存在又由一方兼之,则士人将何以自处?

前述二李其实都不无门户"私见",总希望借皇权来实现自己思想学术方面的抱负。但"我皇上"既然合治道于一身,二统在意识形态上的区分就此模糊,道统的独立认同不复存在,以"道"自任的士人也就无形中失去了批判政治威权的超越立足点和思想凭借。主张立孔教的康有为很清楚:师统与君统合一的结果就是权力尽归人主,"于是天下议事引律而不引经,尊势而不重道"。这不正是法家提倡的"以吏为师"吗!此时恐怕只能如韩非子所说："有功则君有其贤，有过则臣任其罪。"君主恰可"不贤而为贤者师，不智而为智者正"了。

康熙帝临幸曲阜孔庙的情形最足说明这一点。前面说过，他在孔庙所行的大礼为历代帝王所不曾有，的确尊崇有加。但反过来看看孔家的反应，这一举措的含义就更丰富了：当康熙帝垂询孔庙古迹时，孔门后裔孔尚任说："先圣遗迹湮没已多，不足当皇上御览。但经圣恩一顾，从此祖庙增辉。"在孔庙尚未成国家正式祭典的汉代，皇帝幸孔庙是皇帝增辉，"光辉"的来源是孔家；在对道统打压甚力的明代，孔家还可与皇室朱家并称而小视之；到了"治教合一"超越尧舜的康熙之时，皇帝幸孔庙则是孔家增辉，"光辉"的来源已转变为皇帝。前后的对比何其鲜明，道统之象征孔家的超越精神实已不再。二统合一的情形也许真的使一些儒生鼓舞，但其实质的确更像周秦法家所描绘的。前些年有一句流行的有力"话语"，套用在此真是再合适不过："历史的辩证法就是如此！"

皇帝既然兼掌道统，就思有所表现，而且一代要比一代强（这是可做不可说的）。故康熙时编纂有《康熙字典》《佩文韵府》《性理精要》等大书，雍正时即有更大的《古今图书集成》，乾隆时又再增大，编出著名的《四库全书》。在思想控制一面，清代大兴的文字狱，即以政治方面的君权来决定文化方面思想学术的可否，在康雍乾三代也是明显的一代比一代厉害。此后似乎正负两面都难再超越，书不再编，文字狱也部分因士人的自我禁抑而淡化，整个清王朝也逐渐由盛而衰。到西潮入侵而渐居主流，中国的道统似乎也没有多少争夺的价值和意义了。

孔庙本身的兴衰同样可以给我们以多方面的启示。一般民众因高攀不上，对孔庙冷落或不必言。但自其成为国家祭典后，孔庙复受到文昌庙和魁星阁等功能相类的后起民间信仰的挑战。这是否意味着信仰的官方化使其部分功能丧失，是很值得研究的题目。到西潮东渐后，孔庙更已逐渐疏离于读书人本身。梁启超观察到：当时广东的学塾中，学子入学后把文昌和魁星"奉为神明，而反于垂世立教至圣之孔子，薪火绝续，俎豆萧条"。简言之，自"文昌、魁星专席夺食，而祀孔子者殆绝矣"！在近代中国，西潮与民间信仰在其与正统主流的权势争夺中，常常相互扮演同盟军的角色，这似乎又是一例。后来许多尊孔与反孔的举动，仿佛都未注意到"孔子"自成为一种象征就开始疏离于其追随者，而到近代早已不攻而自堕，先已在衰落了。

几年前黄先生亲临南京（前国子监）的孔庙，发现其已遭到极富"后现代"意味的解构：孔子本人的塑像从正殿移至随时可以"经风雨见世面"的中庭，取而代之的是包括貂蝉、杨贵妃在内的"历代美女像"。不论是群体取代个人还是女性取代男性，以及迎合大众对美女的喜好（象征着从精英文化走向草根文化），都极为符合"后现代"的旨趣。两庑则陈设着西方文化的象征——"白雪公主与七个小矮人"，却又能伴随以摇滚方式演奏而据说是中国古代的"大合乐"起舞。北魏时孔庙也曾出现鹊巢鸠占的现象，当时的一道诏书说是"女巫妖觋，遥进非礼，杀生鼓舞，倡优媟狎"，极不宜于尊神明敬圣道。但那是夷夏逐鹿争鼎之时，孔庙的遭遇恐怕多少受到"文化侵略"的影响。如今却不然，完全是我们主动"与国际接轨"。

主事者看来也还不只是要"媚俗"而已，他/她们显然知道"白雪公主与七个小矮人"本代表西方文化中和平美好的一面，且的确可说已渐脱尽其"西方"认同而成为"世界"性的文化遗产了。特别是以摇滚方式来演奏号称中国古代的"大合乐"，最能体现将古今中外熔于一炉；而这一尚未取得"世界"认可的创举更可借白雪公主这一"品牌"而"走向世界"，颇具许多企业家尚缺乏的"品牌意识"。主事者的思虑实不可谓不周全，眼光高远、视野开阔，可以说完全跟得上"世界"的潮流，甚至还有过之，不禁令人赞叹不已。

今日北京上海一些口占"后现代"新名词的少年学人，动辄要解构（或消解）这个、解构那个，其实与"后现代"精神相距尚远，而且总不离纸上谈兵的老套，能说不能做。他/她们真应该先将那点仅得皮毛的新术语收入囊中，虚心到南京孔子庙现场观摩取经，然后再言什么"知识考古"不迟。

作为中国道统的象征及其制度化的实体，孔庙及相应的祭祀体制的发展演化形象地反映了古代中国社会中政治与文化两大力量的彼此互动，而从其盛衰之中似乎也隐约可见一条虚实兼备的从传统到现代再到"后现代"的轨迹。谁说我们不是在不断"进步"呢！

《优入圣域：权力、信仰与正当性》，黄进兴著，

台北允晨文化公司，1994 年

原刊《读书》1998 年 7 期

走向跨学科的新史学

昔者孔子曾赞引南人时谚："人而无恒，不可以作巫医。"（《论语·子路》）夫子本意，原在强调人须有恒，后人亦多从此意解之。但对于这里双重否定之下的巫医，一般是不太注意的。殊不知孔子乃殷人之后，而"殷人尚神"，殷商时巫者地位本甚高。孔子一家虽食周粟有年，对殷礼并未忘却；孔子本人即称"殷礼，吾能言之"。不仅不忘，孔子还曾说："先进于礼乐者，野人也；后进于礼乐者，君子也。"这里所说的"野人"，有学者以为是指殷人，我们以为是不错的。由此可见孔子对殷礼的态度。但何以此时引用这样轻贱殷商时地位甚高的巫者的时谚，不仅未见丝毫恻隐之心，反赞曰善。这里面反映出的盛衰沧桑，含意殊深。

可是历来的学者，大多从训诂的层面去辨析孔子所言究竟是巫和医两种人抑或是以巫为医的一种人，对这历尽沧桑，沦落至社会底层的巫医本身，反无多大兴趣。但换个角度，从历史社会学的视角看去，巫医的沦落分明透露出丰富的社会变动信息。自春秋以降，虽然巫医的沦落仍在继续，到汉代却仍然是"街巷有巫，闾里有祝"。套句今天的话，就是颇"为劳动人民所喜闻乐见"。而巫和医也终于一分为二，"信巫不信医"已成司马迁论疾病的"六不治"之一了。这样的历史社会学和宗教社会学的题目，在中国长期以来是颇受冷落的。

《汉代的巫者》一书，据作者自序云，选择这一题目，是源于幼年在充满"怪力乱神"的台西农村对现代"巫者"的观察和困惑。由汉以降，时代移易，社会变迁，文化发展，巫者的地位仍在沦落，渐渐只能在社会底层挣扎。可是在两千年后的今天，在饱受现代工商业化冲击的台湾农村，怪力乱神仍能到"充满"的程度，颇发人深省。巫者的生命力可谓惊人。

有人认为，所谓文化，便是历经沧桑而尚能存在流传的那些东西。若如此，巫者便是我们中国文化的一部分了。这个说法，讲"科学"的人大约是不怎么喜欢的。不过，民国初年的黄远庸早就提出要"与一般人生出交涉"的取向。二战后的西方新史学，也渐倾向于站在"民众"的立场上自下而上地观察分析历史。巫者从春秋以降，便正是每日与一般人生交涉的。这部专著，颇能体现这样一种对民众的历史和历史上的民众的关怀。

儒家自孔子起，对巫者向存轻贱。汉武以后，儒家独尊，故历来对巫者的记述，大都着眼于其依托鬼神、荧惑百姓、敛取财物，以至聚众叛乱等种种劣行。近代以来，"科学"代儒术而成独尊，巫者又因是"迷信"而继续受轻视，故历来少有严肃认真的研究。唯研究道教史者，咸认道教之发端于汉代巫者，渊源甚深，而有所研究。本书作者则明确其旨趣不在探讨巫者与道教的关系，而在"探讨巫者政治社会地位的高下及其社会影响力的大小，借以明了巫者在汉代社会中的真正面貌和扮演的角色"。

作者以为，古代的中国人相信在人的世界之外，还有一个"鬼神世界"存在。初民之时，似乎两个世界的人神交通，并无妨碍。后则两个世界区分渐明，交通亦日渐困难，故有专司人神交通的媒介者出现，这就是巫。到汉代，人们仍然相信有一鬼神世界的存在，且诸多鬼神颇能影响人间祸福及行事的成败。而中国的鬼神，其权威和力量向来不是无限的，又能为人所感应甚至控制。的确，巫者之影响可有大小，其法术可有变化，但人们相信"鬼神世界"的存在和人神间能通过媒介交通，是各式各样的巫者能长期存在的关键之一。故人间的祈福解祸，上至天子，下及庶人，均离不得巫。

换言之，相信鬼神世界的存在及"祈福解祸"的社会需求，乃是巫存在延续的基础。供求规律在这里同样起作用。故儒者对巫可轻贱之，独尊之后的儒者更可借官方力量对巫者压抑之，但只要有此信仰和需求在，巫者即不仅可存在，其影响且遍及社会各阶层。

我们甚至可以设想，汉代巫者政治地位的陵替，恐怕未必有文献所记那样厉害。盖现存记载，多是儒者或受儒家影响者所为，故不免有意无意间对巫者有所贬损。正像与巫者多少近似的方士，其社会政治地位不也是在汉武帝时达到高峰，随即一溃到底。这恰与儒术独尊发生在同时，当非偶然。故司马迁的《史记》和班固的《汉书》，对方士均无专门记载。要到范晔写《后汉书》时，士林风气有所变化，方士的专章也才出现在所谓"正史"之中。

实际上，即使从那些对巫者贬损轻贱的言辞中间，仍能看到巫者在社会上的成功，及其在政治上对儒者的威胁。如书中引用的《盐铁论》中贤良文学责巫之言，即云其以口舌之利而"成业致富，故惮事之人，释本相学"。足见不仅事业成功，且弃农学巫者尚大有人在。又如书中所引西汉名医杜业在成帝时攻击师丹荐人能"使巫下神，为国求福，幾获大利。幸赖陛下至明，遣使者毛莫如先考验，卒得其奸。皆坐死"。这里的"幾获大利"四字甚重要，颜师古说"幾"读若冀，既有所期望，则必有可能性；倘读若几乎之几，则更是接近成功之意。假如成帝不遣使考察或考察的结果是确有效能，便可能"已获大利"了。这说明儒者固然轻巫，皇帝或不轻巫，此时朝廷上升之路，对巫者并非是封闭的。

汉初本重黄老，儒者自身也还处于自我树立的阶段。故儒巫之间，恐怕多少还有个竞争的关系。钱穆早年即注意到汉初南北学术政治风气之分。彼时淮南、河间二王，同以宗室好书。淮南王重黄老百家，河间王却重诗书儒学。故杜业盛赞河间，奏称"天下雄俊众儒者归之"。后来重儒的河间王以韬晦善终，喜黄老的淮南王却以谋反诛，亦颇有些诡论的意味。但巫者亦如方士，在黄老与儒家之竞争中，有其微妙的地位。

汉武帝时虽然儒术得以独尊，但倡此独尊的董仲舒，其所学实多由黄老刑名淮南阴阳一路而来，讲天人而好言灾异，与巫者有较多的共同语言。故作者特别注意到董子颇承认巫者的社会功能。彼时巫者的境遇大约尚不甚差。以后大体是儒者在官场发展而巫者在民间扩张，各自均颇成功。恐怕正因为巫者在民间的影响甚大，故到东汉时官吏用政治权力打击巫者之事例乃数见。而巫者亦渐与官方疏远，与民间的反叛活动联系反多。至魏文帝时，乃觉有必要正式下诏禁绝巫者之活动。不过巫者既因供求关系而存在，终是禁而不绝，以至于今。

另外，从社会功能学的角度看，巫者在中国古代社会中对社会之整合与均衡起着一定的作用，在民间文化的接移与传播上，扮演着媒介的角色。而且，巫者虽以行巫为主，同时与方术、医药、天文、历法等方面均有千丝万缕的联系，这种种联系也无疑地加强了其对环境变动的适应性和其生命力。

《汉代的巫者》在方法上，采用一种跨学科的取向，兼采传统经学、西方社会学、人类学及民俗学等学科的方法和理论。近年来某些趋时作品，以史料为理论凑趣，读来虽然颇觉"系统化"，与史实则常有千里之遥。作者虽采用这许多其他学科的理论，却能坚守史学的戒律。"一切以事实之厘清为依归，并以史料为论断之最后准据。"能如此，用其他理论既不觉勉强，反更能体现跨学科的优势。

这本书的另一特点，在于其以社会学的眼光去观察一组人——巫者——社会地位的升降。一群人社会地位的升降轨迹，一直是社会学的中心议题。但是由于材料的局限，社会学者多是集中讨论某一群人在其生命过程中的变动轨迹，或多则两代间的传递与变迁，少有人做过如此大跨度的研究。而作者以其史家的视野，纵横上下数百年，这无疑也体现了跨学科研究的长处。

作者林君的老师杜正胜先生最近正在台湾大力提倡"新社会史"（参见《新史学》三卷四期），其范围从生态资源、产业经营、日用生活、亲族人伦、身份角色、社群聚落、生活方式、艺文娱乐、生活礼仪、信仰宜忌、生命体认到人生要求，范围甚广。杜先生承认他的倡议也受法国"年鉴学派"的影响，但更主要是他个人多年治史的反省与感想。他说，他提倡的新社会史研究方法，是"能在日常习见习知之事物中发现社会民族的特点，觇知时代风气的转变"。这是杜先生受顾亭林《日知录》中有关条目的启发而得出，其实也恰与年鉴学派第三代由注重大结构转到也注重事件，但必须是那些"能反映其所处文化的事件"这样一种取向相通。

无独有偶，北京的葛兆光先生最近在其论李零先生的方术研究时，亦引用米歇尔·福柯（Michel Foucault）的话，提出要"写另一种历史"。两岸的史学不约而同走到一起，出发点和取径都相类似，是过去不多见的。"同声相应，同气相求"，我们评介林君这本书，也希望能对两岸的学术沟通有所助益。

《汉代的巫者》，林富士著，台北稻香书店，1988年

原刊《读书》1993 年 10 期

"文无定法"与"文成法立"

　　王国维曾说："古来新学问起，大都由于［材料的］新发现。"这一论断用在二十世纪禅宗史的研究上特别合适。在西潮冲击之下，二十世纪初中国的史学曾有极大的转向，梁启超、夏曾佑等人的"新史学"，至少影响了一代学人。而梁启超史学观念的一个核心，就是对"史料"的强调和阐释（参见黄进兴的研究）。的确，尽管近代诸子学、佛学的先后兴起与西学东渐大体同时，禅宗史的研究在二十世纪前三十年却未见大的突破；到1930年胡适以敦煌资料为基础的神会研究出版，立即开启了一个以敦煌资料为中心的禅宗史研究新时代。

　　由于六七十年代"以论代史"风气的荡漾，今日许多治史者或难体会二十世纪两大资料渊源（甲骨文和敦煌文献）的发现给民初学者带来的兴奋。从广义的角度看，傅斯年所说的"史学就是史料学"一语，可说是当时新老史家的共识。新人物且不说，就是被人认为对新史学负隅顽抗的旧派陈汉章，在其《史学通论》中所列史料范围，就不仅包括所有出土文物、甲骨、敦煌资料，更有"动植物产、地质矿石、饮食沿革、衣服变迁"，以至"语言传说方音"、古今中外游记，无一不是史料。这些材料，我们也不过是近年才有比较严肃认真的研究，却早已见诸民初旧人物的论述，可见史料对那时新旧学者的共同魅力。

当年能得风气之先的王国维，率先提出并示范了兼用纸上和地下两种材料以考证古史的"二重证据法"，为以考据为基础的史学带来新的生机。但是，材料的新发现只能在一定程度上推动学术的研究。在初期的兴奋之后，学者们寄予厚望的新出地下或地上材料，似乎并不足以全面更新历史诠释。最有提示意义的是，投身考古调查的徐炳昶，其最主要的史学著作则是据传说以证古史，反极少采用地下材料。在整个思想界急迫倾向的影响之下，学术界也不断思出新路。从郭沫若、闻一多、郑振铎、朱光潜到凌纯声等，在大量使用新材料的同时，都已自觉或不自觉地运用文化人类学等方法来"以今证古"，而胡适更以一生提倡"方法"著称于世，为学术界开出新典范。

有时候，新的"眼光"对学术研究的推进，或更胜于新材料的发现；而新"眼光"本身也意味着新材料的发现。胡适在自述他对古史研究的突破后说："我所以敢这样狂妄，并不是因为古人聪明不如我们，只因为古人蔽于旧说成见……我们现在的历史眼光变了，学问的方法也变了，故可以大胆做一点独立的研究。"所谓"眼光"，即看问题、提出问题、思考问题的取向。对金石甲骨材料颇有保留的章太炎也早就指出，要治新的中国通史，"必以吉经说为客体，新思想为主观"。

取向一变，过去认为不重要的东西就有了新的意义，可能变得重要。提出的问题不同，能说明问题的材料自亦不同；以新眼光回看"古经说"，很可能触目皆是"新"材料；且这类"新材料"的数量，远比新出土或出洞的材料多得多。史学大家陈寅恪素以博通一二十种语言著称，这些语言当然都意味着史料范围的扩大。但我们如果仔细考察陈先生的成就，恐怕更主要的还是以新眼光看旧史籍，从常见书中读出了大量别人视而不见的重要材料。

进而言之，不论新材料还是新眼光，都还要有合适的语境。上述诸人的新成就，都是借了史学大转向的东风。王国维自己就注意到，晋时汲冢竹简出土，便未能即时引起研究上的大突破。材料如此，观念亦然。"师夷"这一观念在鸦片战争时即已提出，但并未充分引起时人注意；到左宗棠那一代人，读了《海国图志》却立即产生"心灵的沟通"。可知中国的社会心态到左宗棠那一代人才有一个大的转折。心态转变之后，以前不怎么引人注意的观念就突然有了市场，故得以不胫而走，迅速传遍全国。正所谓"事不孤起，必有其邻"，同一时代之事，必有其"一贯而不可分离者"（蒙文通语）。换言之，只有关怀思虑相通，才可谓"同时代人"（参见李文森的研究）。语境不变，新材料未必会引起足够的注意，而新观念也不一定能带动新眼光的产生。

禅宗史的研究进程最能说明上述的观察。葛兆光注意到：二十世纪"三四十年代之后，禅思想史研究仿佛并没有出现预想中的新进境。新史料的开掘、历史线索的追寻、思想脉络的阐发始终各走各的路，好像并没有汇融合一构成禅思想史新的理路。"（页2）我不妨斗胆地说，尽管有关禅宗史和禅思想史的论著时有出现，大约要到八十年代葛兆光自己的《禅宗与中国文化》的出版，才又触发了一个禅宗史研究的新高潮。这一新潮的特点，依然不脱葛君所开路径，多少都从"中国文化"的角度来讨论禅宗和禅思想。但葛君自己却早已不满《禅宗与中国文化》"从外缘切入的视角"和"从现实反思的立场"这样"过分情绪化、观念化的立场和视角"，于是有了这本《中国禅思想史》。

以系铃人的身份来解铃，正是葛君研究写作这一新著的基本心态。在近代中国学术与政治两分的大趋势下，昔日颇受推崇的"立功"已非大多数学者之所能所欲，"立言"即成现代读书人的基本目标。一个学者能在数年之内即亲见其所立之说蔚成风气，对许多人来说感觉都会是相当不错。但葛君发现，他对自己旧作所不满之处，恰同样反映在追随者的作品之中（有时或更甚）。这样，"著述者的责任迫使他不停地修正自己"（页362），葛君也就不得不学梁启超与昔日之我战。

这一次，恕我说句扫兴的话，葛君的努力除能使自己心安外，恐怕难成就立即扭转风气的功业。百多年来，但凡开风气者试图扭转其所开风气之时，多半都是被以前的追随者视为落伍而弃若敝屣。梁启超、胡适均未能幸免。葛君自己前些年的"暴得大名"，正与当时学界"过分情绪化、观念化"的语境有关。如今此趋势似乎有过之而无不及，最近所谓"南北学者"关于学术规范的讨论，以及由此而引发的所谓"八十年代人"与"九十年代人"之争，其实都与地域和年龄不甚相关，无非是学界中仍处"情绪化、观念化"之中的大部分人要与那些有所醒悟而思自改的少数人"划清界限"而已。

而且，葛君的前著是以能见其大且能以空灵流畅的文笔出之而广受欢迎的，如今的新著在这两方面虽是风采依然，但凭空添了较大数量的考据，大有熔"辞章、义理、考据"于一炉的气概，这是否仍能为"情绪化、观念化"的新老读者所欣赏，不免要打个问号。实际上，本书所属的"学术史研究丛书"（陈平原主编，北京大学出版社出版）也太注意坚守"取法乎上"的慎选立场，至今似乎只出版了葛兆光与阎步克两位先生的作品，与时下一些出版社动辄推出十本左右的大套"学术"丛书，颇异其趣。曲高和寡，原是通例，这一丛书既然秉这样的"精英"意识，大约一开始就以存之久远而不是造成轰动效应为目的了。

的确，葛君这一次是明确提出要建立一个将"历史考据、理路追寻、思想阐释"三者融会为一的禅思想史研究范型，垂之久远的用心并未遮掩。这一新范型的框架，集中表述于长达四十余页的"导言"之中。作者首先从考据、理路、阐释三方面回顾了二十世纪禅思想史研究的过程。他观察到，在禅思想史研究中长期存在以"怀疑"和以"相信"为出发点的两大流派。前者多在禅外说禅，借用程颢的话说，好比"对塔说相轮"（明道曾攻击王安石之论道，好比"对塔说相轮"，而他自己则是"直入塔中，辛勤攀登"，不论是否见道，总"去相轮渐近"）；后者又太偏重领悟，在"辛勤攀登"中似乎已忘掉塔的存在。而两者的共同特点是它们都在"倒着讲"历史，即"用现代意识讲古代思想"，这正是他们的作品都不免"失真"的关键所在。

葛君认为，正确的方法应尽量"贴近"古人而"顺着讲"。这种方法的核心即是有别于以"怀疑"或以"相信"为出发点的第三种取向，即"一种对古人的思想同情而理解的态度"。在此基础上，"对古代的背景公正而全面地观察，从而将古代思想的内在理路细致而真切地还原在一个以时间为轴的历史线索上"。为了达到这一目的，葛君将"禅宗在它那个时代的所思所虑"总结为三个彼此相关又彼此循环的问题，即"成佛的可能（人心与佛性之距离如何）、成佛的路径（修行方式如何）及成佛的效应（终极境界如何）"。他以为，以此三个禅宗人所关注的焦点为横坐标，再以时间为纵坐标，考察他们怎样因应处理这些问题，就可以织出禅思想史的经纬来。

这经纬中的横坐标，当然是一种韦伯所说的"理想型"。如果像作者主张的那样尽量"贴近"历史原状，恐怕也只有少数的禅师才始终在关怀这些问题（有人或长期关怀某一问题，有人或一时关怀所有三问题，但两者皆具备的，则……）。当然，关怀者的数量本身并不足以说明全部问题。张灏先生曾据钱穆对晚清大儒陈澧、朱一新等人学说的诠释，指出他们的思想"很少显示出西方的影响"，故得出近代西方影响主要在"少数几个在位的学者官员和一些在通商口岸出于边际地位的人物"这样的结论。窃以为张先生对"在位的学者官员"对全国士林的影响实估计过低。同样，美国学者艾尔曼也通过人数的统计，断言清代"多数士大夫没有参与或推进考据学的发展"，真正从事考据的学者"人数不多，只占士大夫阶层的极小部分"（参见《读书》1996年6期葛兆光的书评）。这一看上去颇"科学"（有数字为证）的论断其实很值得推敲。依此法推下去，不仅宋明两代的理学家决逃不出同样的结论，实则中国历代所有主流学说的载体都不可能在人数上占到可统计的"多数"（关于数字与历史的关系，拟另文讨论，此不赘）。但考据对清代学人的广泛影响，又岂是"参与或推进"之人数可以概括的！

从思想史的角度看，更重要的毋宁说是这些人及其树立的榜样所造成的影响有多广。借用葛君的词语，少数掌握"话语权势"的精英人物正可代表时代思潮的走向。从《中国禅思想史》全书使用的材料看，葛君关注的主要是这类掌握"话语权势"的少数精英禅师：书中大量使用了禅宗师徒问答的材料，但真正着意的明显是侧重于"师"的一面。这是传统思想史的一贯取向，本身并无太大的问题。但葛君是提倡"写另一种历史"的，以他引用了数次的福柯（Michel Foucault）的话说，在他着意于精英禅师之时，是否（有意或无意）使用下笔的"权力"部分剥夺了下层僧众的发言权呢？依我外行的偏见，如果在发问的僧徒（而不是作解答的禅师）一面再多做些文章，或者会产生一部更"贴近"历史原状的禅思想史。

葛君并强调，以他总结的这三个焦点构成的阐释框架之中心，"就是把禅思想史严格地界定在'宗教'的位置上"。这似乎仍有点"用现代意识讲古代思想"的味道。来源于西方的"宗教"这个概念在今日有其特定的指谓，前人是否从这些特定的角度考虑问题，是需要证明的。"佛教"今日当然在宗教事务管理局领导之下，但有千年之隔的此教是否即彼教（两者当然有颇多相通处），恐怕也还有些疑问。换言之，作者此处使用的"宗教"究竟作何指谓，还需要事先的说明；否则难免以后之立说追加于前人，结果有可能在"贴近"历史的同时又疏离了历史。窃以为，把佛、道及古代中国的任何民间信仰说成"宗教"，都宜在最宽泛的意义上使用，反不必"严格界定"。

这些外行看热闹的一孔之见，只能是名副其实的"对塔说相轮"，关于六至九世纪禅思想发展演变的具体经历，还请有心的读者自己入塔攀登，仔细参详原书。葛君既然立志建立新典范，此书当然不仅仅是要"修正自己"，显然也想要示范他人。故其以"导言"陈述了新范型的框架后，即以正文为"示范"。全书的安排也遵循融会"历史考据、理路追寻、思想阐释"这一思路，大体依时间顺序，以五章的篇幅讨论从六世纪到九世纪禅思想史的发展演变，每一章又皆分为考据、理路、阐释三部分。全书特别注重南北文化的交融及与此相关的南北禅宗的分立、异同、竞争与互动。作者强调，为过去许多研究者所忽视的南北佛学的分化与交融既是"中国禅思想形成的关键所在"，也贯穿于这一时期整个禅宗发展衍化的进程之中。

此书略使人不满之处，在于作者曲终人就散，在叙述和阐释完"南宗禅的最后胜利"后，仅以数百字概括了从中唐到北宋那一段思想大变动时期中禅宗的角色，旋即以苏东坡所谓"不得不止"的刹车方式结束；并不像许多著作那样有一"结语"部分总结全书。这似乎暗示着作者自拟的读者是"专家"而非"通人"或"爱好者"，再次提示了此书隐含的精英取向。不过，在今日全社会都急功近利的大趋势下，"专家"也想要"早出成果、快出成果、多出成果"，要他们花许多时间来细读一本三十万字的"专著"，最好仍如韩愈所说，"必提其要"。

此书给人印象最深的，莫过于关于"北宗禅再认识"那一章：三大节的子标题分别为"史实的重新梳理"、"思想的重新审视"及"意义的重新评价"，在在均有"重新"二字，显然为全书特别吃紧的一章。盖历史往往为胜利者所书写，在南北竞争中失败的北宗禅过去向为学界忽视，故以前的禅宗史多见一面倒的现象。在重建北宗禅的基础上，给过去的"失语"者以发言权，禅思想史的动态面相遂得以显露，而六至九世纪禅思想史的整体形象就为之一变。从思想史的内在理路看，对九世纪以后禅思想的考察，恐怕仍离不开这段南北争胜的前科。葛君的研究虽暂时中止于九世纪，却已为后来者开拓了重建禅思想史的新取径。

中国读书人历来主张"文无定法"，上焉者更有"文成法立"的抱负。这两个观念都非常适用于史学。有"史无定法"的开放学术大框架，而后有"史成法立"的突破与创新，而维持"无定法"的开放性复依赖于各种新"法"不断成立于新著之中。葛君有志构建一种"资料、叙述、阐发兼容而又和谐"的"思想史新范型"，并以其《中国禅思想史》为此努力的开端。"史成"以后，"法"是否即"立"，就要看今后数年的思想史研究是否出现像样的追随之作了。但葛君这一构建新法的努力，当然不仅在于其推进了禅宗史特别是禅思想史的研究，而且也不仅在于其为思想史研究另辟新径；更深远的意义在于，这样的努力直接传承并发扬光大了中国学术传统的开放性：只有学人们不断沿"文成法立"的方向努力，"文无定法"这一开放框架才能够如江河之水，源远流长。

《中国禅思想史——从六世纪到九世纪》，葛兆光著，
北京大学出版社，1995 年
原刊《读书》1997 年 4 期

大胆的假设

我们的史学研究到今日的局面，似乎已到了必须在方法论上有所突破之时了。二十世纪中国史学的方法论，应该也到了有所总结的时候了。中西史学都源远流长，但若以我们今日大学历史系讲的"历史学"来说，西方史学之独立于哲学，也不过是十九世纪的事；我们中国史学的独立于经学，虽然早就有人主张，章学诚尤强调之，但真正取得平等的地位（历代史学基本未到与经学平等并列的程度），恐怕还是在近代因经学不能"致用"而衰落之后。西潮冲击形成大潮后，有梁启超、夏曾佑等人的"新史学"。但影响久远直至今日的，还是胡适等新文化人的所谓科学的历史研究法。而对中国史学界冲击最大的，或者要算新文化运动师生两辈人皆参与的"古史辨派"。

胡适的治学特点，就在于最重方法。他化约出的"大胆假设、小心求证"的箴言，至今为人所引用。他的《中国哲学史大纲》，就是一部建立典范的开风气之作。但其就像所有的新典范一样，在开启新的治学门径的同时，也留下了许多待解决的新问题。胡适所开风气就不是全无

"流弊"，有的新问题其实也正在其开启的治学门径之中。他在1932年与人讨论历史研究时说，"凡先存一个门户成见去看历史的人，都不肯实事求是，都要寻求事实来证明他的成见"。但他和其他新文化人在整理国故时，恰已存先入之见，未能真正做到古人提倡的"虚其心"。胡适还没动手整理国故，已先认定"古代的学术思想向来没有条理，没有头绪，没有系统，故第一步是条理系统的整理"。这个结论，即使是正确的，也应在整理之后得出，而不应是作为预设。

以顾颉刚提出的"层累堆积"说著称的"古史辨派"也是如此。他们就是因为先认定古人有意作伪，故一着不对，全盘皆斥。如果依其观念去看中国学术史上从春秋到汉代的一段，简直就是一个作伪的时代。实际上，略带讽刺意味的是，中国学术史上"辨伪"的传统，似乎也有一个"层累堆积"的发展过程。早期的辨伪，只是怀疑某书中的字句有伪，到后来则出现整本书皆伪，再以后则一批书都伪，最后才到"古史辨派"推出的一个长达几百年的作伪时代。

这里的一个基本精神，就是怀疑，而且越疑越厉害。宋儒已很讲究"学则须疑"。朱熹说："读书无疑者须教有疑，有疑者却要无疑。到这里方是长进。"到了胡适的记忆中，就变成"为学要不疑处有疑，才是进步"！可以不疑的那一半，无意中已经在近代激进语境的影响下自我删除了。新文化师生两辈人正是在怀疑这一点上承接了中国学术的考据传统。但古人的最终目的，还是想"由经见道"，是一种有建设意图的怀疑取向。到尊西反传统的新文化人，已不很承认传统典籍为"经"，大约也不认为其中还有多少"道"，其怀疑就走向以破坏为主了。

新文化人之所以如此，部分也因为他们所尊的西方史学界那时占主导地位的恰是怀疑取向的德国兰克学派。但到二十世纪中叶，西方的考据学已完成了从"怀疑"到"理解"的转变。像英国的柯林伍德（R. G. Collingwood）和法国的马鲁（Henri-Irence Marrou）等都主张一种"返其旧心"以理解昔人的取向。大约同时或略早，中国的考据学也出现了类似的转折。从二十世纪二三十年代起，像陈寅恪、蒙文通这样的学者就在提倡和实践以"同情"为出发点、通过"上下左右"读书之方法去认识古人、考证古事。这两位大师都基本未使用二十世纪初以来大受重视的"地下新材料"，但因其在研究取向和方法论上的突破，其成就绝不在那些使用新材料者之下。

新文化人其实更早就意识到"同情"的意义。鲁迅在二十世纪初就已提出"返其旧心"的取向，但他后来的考虑主要在别的方面，而且故意要激进，故未能沿此方向发展。胡适也早在 1912 年就说过读书要"真能为古人设身处境"，但他先入的怀疑倾向太强，许多时候恰未能做到"为古人设身处境"。其实若采取"同情"的取向，胡适反可能认识到"古代的学术思想"不仅自有其内在的"条理"和"头绪"，而且实自成一"系统"。1949 年后，胡适和"古史辨派"都已成批判对象，但其潜在的影响是相当长远的。"同情"取向的考据学派至今未引起学人的足够重视，实则我们今天要构建"有中国特色"的史学方法论，这派学说恐怕是最为可贵的资源。

最近见到的叶舒宪著《诗经的文化阐释——中国诗歌的发生研究》和黄奇逸著《历史的荒原：古文化的哲学结构》两书，其一个重要特色就是非常注意方法论这一层面。两位作者都感觉到、有时也的确触及了现存研究不能令人满意之处。他们提出的改变和发展的方向，就是援用新的诠释手段，走多学科研究之路。叶君认为，中国传统的考据学到清代乾嘉时达到顶峰，不仅空前，而且绝后（这个提法我们不甚同意，参见上文关于从怀疑到同情的考据之讨论）。此后考据学即面临一个在研究方法上突破的问题。王国维提出的兼用纸上和地下两种材料考证古史的"二重证据法"，为考据学带来新的生机，同时也提示学者探索其他传统文献之外的材料和取径。从郭沫若、闻一多、郑振铎、朱光潜到凌纯声等，都已自觉或不自觉地运用人类学的方法和新材料来"以今证古"，但尚无学者出面作理论的总结。叶君自己则一面正式提出人类学"三重证据法"的口号，一面以《诗经》为个案，从"当今人类学跨文化视野"重新审视和诠释《诗经》，"试图汇通考据学与文化人类学"。同样，黄君也"想更广阔地拓开上古历史研究的理论、研究方法与其观察视野"。他明确指出其对陈述"固定知识"即考证个别史事并不特别重视，而"始终关注的是那个隐藏在'固定知识'后面,仿佛能看到,但又难于捉摸的东西,即一种无序的、宗教精神为主导的多元的流动时空结构"。

两书作者主张和实际援引的新学科和新方法,基本都是西方的。这就提出一个我们关心的老问题:在方法论的层面,属于异文化的西学方法在何种程度上以及怎样可以用来诠释中国的历史。余英时先生指出,胡适当年能在国故研究上建立新典范、开辟新风气,正因为"他的旧学和新知配合运用得恰到好处"。若只及一面,则不但旧学方面超过胡适的人不少,就是西学,当时一些留学生也实在他之上。胡适对西学的态度可以说是"弱水三千,我只取一瓢饮"。他服膺杜威的实验主义,就主要是在方法论的层面。余先生说,正因为胡适没有深入西学,"他才没有灭顶在西学的大海之中"。这是见道之解。

二十世纪初以来,中国读书人在引进西说之时,就常常容易先接受其新概念新名词,而不甚注意西人学说中内在的"条理"和"头绪"。林纾在1919年给蔡元培的信中就曾攻击新文学是"学不新,而唯词之新"。到次年九月,胡适在北大的开学演讲《普及与提高》中,也说新文化运动已成"新名词运动"。陈独秀在年底的《新青年》上写了一篇《提高与普及》的短文,同样以为北大学生"没有基础学又不能读西文书,仍旧拿中国旧哲学旧文学中混乱的思想,来高谈哲学文学"。用中国"旧思想"谈西方"新学问",正是名副其实的"新名词运动"。新文化人的看法有意无意间与其论敌林纾的颇为一致。而且胡适对这一点一直十分重视。他在三十年代写《四十自述》时，仍强调他比许多人高明处正在跳出了西学"新名词"的框框。

今日海内外中国（或华裔）学者对西学也有只取一瓢饮且所知颇深者，但仍跳不出西方"新名词"的框框，离了这些新名词便无以言学问。更多的人是迷失在五花八门的西方理论之中而不能自拔。实际上，对西学要能入能出、有取有舍，必须中学有相当的根基。若无此根基，则"取一瓢饮"也好，一头栽进去想在"游泳中学会游泳"也好，多半都只会达到一个"邯郸学步，反失其故"的结局，其运用起西学方法来，如果可以用一个不太雅驯的词来界说，通常也不过是"始乱终弃"而已。

在这方面，令人欣慰的是，两书虽标举新方法，在新名词的使用上，尚不像今日许多并不自称在运用西学方法的论著那样多（黄君一书更少）。特别值得强调的是，与今日许多立新说者不同，两位作者都是在大量阅读国内既存研究的基础上立说的，其引经据典的数量不让任何"传统派"的史学著作。而且，两位作者都能较多注意那些因在思想史上属于"非主流派"而失去其在学术史上的"地位"的一些学者（参见葛兆光在《读书》1995 年 9 期的文章）的研究成果，这在今日尤其是不多见的。

两书作者的一个共同点是颇具学术自信。一般而言，二十世纪五十年代以后成长起来的史学工作者普遍感到在古文献修养方面不如前人。五六十年代的新学人通常是以其马克思主义理论训练与旧学者的文献修养相抗衡的。
"文革"以后，一代不如一代的说法在史学界一直颇有影响力。特别是在上古史圈子里，绝大多数学者无疑都感到（虽然许多人并不说出来）其在文献修养上没法与少小就能背诵四书五经的前辈学者相比。但是叶、黄二君却别有一种自信。叶君以为，"新时代的学人自有超越前贤的优越之处，那就是新材料、新视野和新方法"。黄君也说：现代青年学者更优胜的是换上了一种崭新的、更富有哲学思考的知识结构，故不仅可以更真实地了解古代，还可以从前人的研究中看出其"结症"，从而"超越"前人。这里的所谓"超越"，当然不是带有超然意味的那种"超越意识"，而是如五六十年代"超英赶美"一般的超而越之的意思。

在有意的层面，如果说叶君基本上是力图建构新说，黄君则明言他是有破有立。实际上，任何一种体系性的"出新"，其趋向都必然指向"推陈"；在这里，"温故而知新"的取向大约是行不通的。故两书在试图"超越前人"一点上，实际仍是一致的。黄君指出，他有意针对的，是几千年一贯制的"儒家解释体系"（这部分可能因为他所关注讨论的，正是儒家鼻祖孔子所"不语"的"怪力乱神"吧）。有意思的是，当着西方史学已部分跳出年鉴学派专门讲究长程结构分析并出现了"叙述的复兴"（亦即由"结构史学"回归到"事件史学"）之时，黄君却在抨击迄今为止的中国上古史研究"仅仅局限于以事件为核心的研究范围"，并强调"我们真正应该认识的却应是这些事件背后的支配精神"。即使是年鉴学派的第三、四代传人，看了这段文字恐怕也要自叹不如黄君那样能维护本门派的正宗精神。

平心而论，黄君对中国上古史研究的指责，即使就两千年来的"儒家解释体系"言，也是不完全准确的（今文经学家的"微言大意"取向，就很难说是"以事件为核心"）。若就二十世纪而言，更基本是不确实的。在三四十年代开始兴起并从五十年代起就在中国确立了主流地位的马克思主义史学，显然是重结构分析（比如分期）远过于事件叙述的。在某种程度上说，黄君这一代学人之所以能欣然接受年鉴学派的观念，恐怕正因他们接受了较充分的马克思主义史学训练，故对结构分析有一种未必自觉的亲切感。

其实，两君的新"体系"与"儒家解释体系"或既存的任何其他"体系"正有异曲同工之处。如果说句带点"反智"意味的话，所有的"体系"似乎都趋向于把本来可以简单（实际是否简单当然待考）的事情表述得复杂以使之系统化。以《诗经》而论，古人歌诗，当然有许多是在特定场合为特定的目的而歌。但有时说不定也就像人急呼天或《三国演义》中诸葛亮教那些推木牛流马（据说就是独轮车）的军士唱歌以忘掉疲劳一样，或不过有所宣泄，或即取其节奏感，原也没有什么有意的直接目的。虽然其所歌的内容无意中或者提示了歌者的心态，甚而至于他们所处时代的精神，是后世治史者的良好材料。但歌者在歌诗之时当下的意图，其意识与无意识的层面，也都是不容后世治史者忽略的。

两书都不仅采用文化人类学的研究方法，而且大量使用国内外人类学和民族学的具体个案研究成果作为例证。其研究取向和实际论证背后实隐伏着一个大的判断：在横的方面，人类的共性超过了其个性；在纵的层面，古今之人的共性超过了其个性。换言之，人类的发展演化存在着某种"放之四海而皆准"的规律；而古今人之间也存在着一种"人同此心，心同此理"的共鸣。现在已有西方学者从人的基因方面考证出现存全人类都是非洲某个村子一对夫妇的后代，这个观点如果成立，显然从生物学的视角支持了两君这个未曾明言的判断。然而，人类或古今人的共性在多大程度上超过了其个性，才是问题的关键所在。

从两位作者都十分倚重的"当今"文化人类学的视角看，每一纵横"文化"（古今"中国人"实亦可说是属于不同的"文化"）之个性的重要恐怕不让人类与古今人的共性。这个大问题当然不是这里讨论得清楚的。但是，以今日之寸心而欲"知"千古之旧事，这个尺度是极难把握而又不能不把握的。马鲁就认为，理解今人和理解古人的关系呈现着某种诡论意味：一方面，我们基本能理解与我们相像的事物；另一方面，理解"非我"（the other）却必须抛弃我们自己的先入之见，把"非我"当作"非我"（即不当作"我"）来理解。即使对同一文化系统内的今人来说，古人实际已是"非我"。则"以今证古"这一取向虽然可行，比较稳妥的方法，也许还是在承认古今有所不同的基础上，自设为特定时间特定地域的古人，通过人的共性，返其旧心，从上下左右去知人读书（人也是书），首先读出昔日的上下左右来，然后从昔日的上下左右读之，借共性以知其个性，庶几可以接近历史的原状。

这两本书对方法论的重视和提倡多学科或跨学科研究的取向，深得我们的认同。在"大胆假设"一方面，黄、叶两君远承胡适的风范，走得不可谓不远；其"小心求证"的一面，尚待史学界同人的评估。学术研究的见仁见智，是最正常的现象。但两位作者要想突破学术研究现状并试图走出一条新路的愿望——这一点我们在字里行间随处可以感觉到——显然是非常诚挚的。当此史学研究特别需要方法论突破的时候，他们的努力能否像当年的"古史辨"一样引起一场大火，恐怕还需拭目以待；但其如果能引起史学界对方法论的进一步注意，就已可算一大功德了。

《诗经的文化阐释——中国诗歌的发生研究》，叶舒宪著，湖北人民出版社，1994 年；《历史的荒原：古文化的哲学结构》，黄奇逸著，巴蜀书社，1995 年

原刊《读书》1997 年 3 期

近代中国的两个世界：一个内地乡绅眼中的世事变迁

　　近代中国以变著称：变得大、变得快且变化的发生特别频繁，这基本已是共识。但对各地发生的变化并不同步这一现象，研究似乎还很不足。我们以前曾提出："民初的中国社会实是两个世界。"（《读书》1993 年 12 期）这个观点同样适用于晚清时期：以京师和通商口岸及其影响辐射区为一方，以广大的内地为另一方来划分晚清的两个"世界"，我们以为非常有助于对近代中国的了解。过去研究不足的一个重要原因，是史料的零散。近年出版的晚清一位身处既不十分"开通"，又不十分闭塞，且相对富庶的内地（山西省太原、太谷二县）并基本以耕读为业的儒生型乡绅（这里的绅是与官对应而言）的自述，恰弥补了这一缺陷。

　　这个自述就是山西太原县清代举人刘大鹏（字友凤，1857—1942）所著《退想斋日记》。从 1890 到 1942 年，刘氏记日记凡 51 年，现存 41 年。刘氏早年也有青云之志，他的日记，与大多数传统中国读书人的日记一样，是有意写给人看的。故其记载的内容和表述的观念，都不免有故意为之的痕迹。中岁以后，随着鹏程万里梦想的渐次磨灭，日记给人看的可能性日减，直抒胸臆的成分日增，对史学研究的价值也就远非一般写给他人看的名人日记可比了。

全书选辑日记近 50 万字，是一项内容非常丰富又极为珍贵的近现代史资料。或因出版社地处山西，印数也不多，尚未引起研究者足够的重视（我们也是在王汎森兄的推荐下才注意及此）。选辑者的标准，是选取"史料价值较大的部分"。一般而言，所选的部分是符合这一标准的。可惜的是，选辑者将"封建保守思想"和"迷信、错误的或是当时社会误传的东西"定为史料价值"较小"的部分，虽然"没有完全不选，而是酌量留存"，但对"在一些事件的叙述中夹杂了这样一些议论，就只好连叙述文字一齐录存了下来，以存实况"，显然略怀歉意。

其实，刘氏生于咸丰七年，少历咸同"中兴"时期，成年后目睹光宣时的日渐衰落，与其大多数同龄士人一样，总有生不逢时和今不如昔之感。他日记的价值，正在其"保守、落后"的一面（这样的人日记中如果多见"进步"言论，恐怕反不足据）。假如不作删削，全文印出，则或能见到一个较少受到西潮直接冲击的内地举人在社会转型时心态的全貌，其价值必大大增加。

特别是"当时社会误传的东西"，最能从信息传播和信息掌握的角度提示近代中国各地心态和思想发展不同步这一现象的直接依据，是很难获得的稀见资料。倘若都能刊印出来，其价值必远远超过农产品价格和水旱灾害等尚可从别处获取的资料。现刊行那些"酌量留存"的部分述及的山西太原、太谷二县与北京、开封等地在晚清多方面的差异，正是近代各地思想心态发展不同步的第一手依据。

虽稍存遗憾，我们仍应感谢选辑者不忘"以存实况"的专业训练和学术戒律（这在今日已甚难得），到底为我们选印出不少珍稀史料。假如选辑者能够将原删削的部分再作整理，把这类材料辑出刊发，或出版社肯将日记全文重排再版，无疑会对中国近代史的研究作出无可替代的贡献。说到底，哪些内容属于"史料价值较大的部分"，仍是一个见仁见智的问题。作为资料的刊印而不是选辑者自身的研究，原可以不考虑什么"落后"与"进步"的问题（我们的猜测，全书的篇幅太大，或者也是删削的考虑之一。其实，这种书如果介绍得好，在海内外的销售绝不应只是标明印数的 1500 册）。

像多数传统的士一样，刘大鹏以观风觇国为己任。他注意礼俗的变化、观察农家的境况、记录价格的升降、调查商业的兴衰，从这些方面，身历同治"中兴"而目睹光宣时衰落的他，的确看见今不如昔的迹象。刘氏于光绪四年进学，光绪二十年中举人，后三次会试不第，科举制即被废除。他那种强烈的生不逢时之感，颇能体现一个较少受到西潮直接冲击的内地举人在社会转型时的心态。刘氏以传统的士自居，终其生也基本保持着士的心态，但他在科举废除后也终不得不像现代知识分子一样在社会上"自由"浮动（实际是很不自由地随社会变动之波浮动）：从塾师到小学教员都做过，后来更长期经营小煤窑，终以"老农"这一自定身份认同度过余生，以维持耕读之家的最后一点象征。

刘家"以耕读为业，不耕则糊口不足，不读则礼仪不知"。但刘家"只有薄田十数亩，不足养十口之家，全仗父亲大人在外经营"。可知刘家的主要经济收入，还是来自在太谷县经营木材业的父亲。与近世许多耕读之家一样，"读"是包括经济考虑在内的发展方向，"耕"在经济上逐渐仅为一道糊口的最后防线；"耕读"相连恐怕更多的意义还在其传统的象征性一面，略有今日美国人讲究的"政治正确"的味道。自诩"耕读之家"者其主要收入实来自经商，虽然大半以商为生却要坚持耕读的方向以正名，都提示着宋代以降四民社会中士、农、商这最主要的三民（"工"的人数既少，影响也不算大）之间你中有我、我中有你那种千丝万缕的内在联系。

同时，整个社会的心态也在转变，日记中随处可见商人地位明显上升（这或与刘氏所居为太谷商业区有关）的记载。还在改革科举之前，弃儒就商已渐成风气。刘氏发现："近来吾乡风气大坏，视读书甚轻，视为商甚重。才华秀美之子弟，率皆出门为商，而读书者寥寥无几；甚且有既游庠序，竟弃儒而就商者。"原因即在于"读书之士，多受饥寒，曷若为商之多得银钱，俾家道之丰裕也"。

与商人地位上升成鲜明对比的，是士人地位的明显降低。光绪初年，太原已出现商人凌侮乡民和轻视士人之事。士人地位降低也与他们中一些人的自尊不足有关。既然不少读书人以教书为终生计，他们"区区方寸，只求个好馆地"，要东家敬重当然就不那么容易了。刘氏注意到"近来教书之人往往被人轻视……作东家者遂以欺侮西席为应分"的现象。后者的本质，刘氏看得很清楚：许多人请先生教子弟，"亦是作为浮事，何尝郑重其事"。换言之，过去商人虽富而一般仍敬重读书人及其所代表的仕进之途，如今这些富人请教书先生部分或不过是摆摆样子，大约也有点不得不为之以维持"政治正确"之意；但他们从内心到表面都已不很敬重读书人，也并不真想让其子弟走读书仕进之路了（从轻官重商的角度看，这也可算是商人独立意识的表现）。

重商轻学的一个直接后果，就是应童生试的人数日减。近代中国士风不佳的一个普遍现象，是读书者多读时文而不问经史子集，但就刘氏所在的地区言，因"僻处偏隅，士人甚少，即游庠序者，亦多不用功，非出门教书而塞责，即在家行医而苟安；不特读书求实用者未尝多观，即力攻时文以求科名者亦寥寥无几"。这还是科举废除之前，刘氏已觉察到问题之所在："士为四民之首，现在穷困者十之七八。故凡聪慧子弟悉为商贾，不令读书。古今来读书为人生第一要务，乃视为畏途；人情风俗，不知迁流伊与胡底耳！"一两千年来传统社会从耕读到政教的路已难走，而且为越来越多的人所不取，这样的变迁必然导致四民社会的难以为继。

这既是普遍现象，也受到山西乡间某些特殊因素的影响。刘氏家乡的"僻处偏隅"绝非他的谦辞。晚清科举最后考进士时的殿试尤重小楷，是当时制举业者的常识。而刘氏要到1895年到京会试，才知京都"为学之士，写字为第一要紧事，其次则诗文及诗赋，至于翻经阅史，则为余事也"。这样与考试直接相关的信息都不知道，其余信息的不流通可以想见，自然很难考中进士。略具讽刺意味的是，刘氏得知"取士以字为先"的日子，已是小楷重要性下降之时（蔡元培于1892年中试，他的小楷实未必佳）。他以举人功名终其身，与其所处信息不通之地，大有关联。

同样重要的是，清季从改科考到废科举，取士的标准有一个变化的过程。废科举前的十余年间，取士的标准，已是鼓励新旧学兼通。像刘大鹏这样的中国腹地山西出来的读书人，就可能因买不到"新学"书籍，或买到而熟悉程度不够而竞争不过久读新学书籍的口岸士子。刘氏于1895年到京应试后，大概才了解到口岸士人读的是什么书。次年十月即请人从北京代买回《皇朝经世文编》和《续编》。此后他有半年的时间平日所读都是这些"经世"文章，并由此回想起当年自己也曾学过《几何算学原本》，且"颇能寻其门径，然今已忘之矣"。可知咸同时期新学的传布也曾较广，但一因士人基本心态未变，更因科举取士的标准未变，许多人读点新学书籍也多半是走过场，读过即忘。

在多读"经世"之文后，刘大鹏终于醒悟到，"当此之时，中国之人竟以洋务为先，士子学西学以求胜人"。这最后一点是关键性的：如果不学西学，就很难"胜人"。不久他就听说"京师设算学科，二十人中取中一人。凡天下之习算学者，许到京应试。此新例也"。这距刘氏回忆起他也学过算学并后悔已将其忘掉也不过两三个月。到1901年10月，刘氏已认识到"国家取士以通洋务、西学者为超特之科，而孔孟之学不闻郑重焉"。由于"凡有通洋务、晓西学之人，即破格擢用"，结果是"天下之士莫不舍孔孟而向洋学"。但像他这样要到二十世纪才完全认识到这一趋势的人，实已太晚。

这一变化是自上而下逐步实行，与京师的信息距离（而不一定是地理距离）越近，变得越快，反之亦然。1898年夏，刘氏注意到府学的考试题已改考策论，题目的内容也与时政密切相关。而同日县学出的考试题，却"仍是文、诗，并无策论题"。在不欣赏趋新变化的刘氏看来，这表明"风气尚未全变"。但他没有想到，县一级按旧法训练出来的学生，到了府一级就很难考过据新法所出的试题。在刘大鹏赴京考试之前，其日记中全无洋务、新学、西学这样的词语，只是在读了买回的"经世"文章后，始出现关注这类事务的言论。可以想见，那些举人以下未曾出省应试的读书人，大概就只有等到考试内容正式改变的通告发出后才能认识及此，他们也就更加无法与口岸地区的时代发展同步。

一旦科举取士的标准改变，刘氏那种一次性的购书补习也并不能从根本上改变他在追赶新学方面"落后"于时势的状况。1902年，清政府正式废八股而改试策论。次年，刘氏到河南开封再次应会试，又发现在山西还不多见的"时务等书，汗牛充栋，不堪枚举其名目。凡应会试者，皆到书肆购买时务诸书，以备场中查对新法，故书商、书局抬其价，并不贱售"。可见不仅山西的新学落后于北京，即使同为内地且邻近如山西、河南，新学的传播也很不一样。场中所考既然多为新学，两地读书人已不可同日而语。内地读书人与口岸读书人更已不在一条起跑线上。

可以看出，近代中国整个社会的变化甚快，但各地变化的速度又不一样。在相当长的一段时间里，全国实已形成两个不同的"世界"。用刘氏自己的话说，即"中国渐成洋世界"；这里的"中国"和渐成的"洋世界"正是当时从价值观念到生存竞争方式都差异日显的两种"世界"的表征（非刘氏原意）。要能够沿社会阶梯上升，必须按其中之一的"洋世界"的方式竞争。读书考试做官的路径还没有变，但考试要求的内容已改变；这已足以将相当一部分士人拒之于新的上升途径之外，僻处乡野的刘大鹏及其同类士人，实已不能"预流"。其结果，在趋新大潮的冲击下，科举考试已可能凭机遇（生长在口岸就比内地占先手）而不是作文的本事（八股文的优劣是一事，大家考同样的东西至少体现了竞争的公平），考试的公平性和选出之人的代表性均已不及以往。

重要的是，像刘氏这样的读书人，虽然对新学有较强的抵触排拒之意，却主要是因信息的不流通而追赶不上社会的变化；他们的确不满这些新变化，但仍存追赶之心，也有追赶的实际行动（刘氏自己就一直在补习新学）。山西省城各书院在义和团之后改为大学堂，该校不仅"延洋夷为师"，且"所学以西法为要"，这是刘氏平时最为切齿的。他听说有数位原有的中国教师因"闻洋夷为师而告退"，盛赞其"可谓有志气者也"。但当他获悉该校还要补招二十余名学生时，立即由教馆回家让自己的儿子去报名应考。可见只要读书仕进这条路不断，像刘氏那样的士人对新学是既不满又要追赶。但由于不在同一起跑线上，他们中的多数终于不得不名副其实地落伍了。

对于维持孔孟"正学"的士人打击更大的是，不仅仕进之途已尊西学，即使教书谋生，也是"凡能外洋各国语言文字者，即命为学堂教习，束脩极厚"。与刘大鹏同年中举的郝济卿，即因其东家嫌其"守旧学"而"欲令子弟学西法"，郝氏不愿教新学（或亦不十分能教），只好"力辞其馆就别业"。1896年春，刘大鹏所在地区已闻"废学校、裁科考之谣"，立即引起士子"人心摇动，率皆惶惶"。反应快的，当下就有"欲废读书而就他业之人"。但更多的读书人"习业已久，一旦置旧法而立新功令，自有不知适从之势"。

很明显，如果说身处口岸的某些"先进"士人考虑的是废科举将有利于国家的改革和发展，内地一般读书人最直接的反应正是上升性社会变动的方向转换问题，而他们首先考虑的也就是怎样因应这一可能出现的变化。1905年10月，刘氏获悉停止科考，"心若死灰，看得眼前一切，均属空虚"。有大志的他，所虑尚在仕途的中断；对其他前途本不甚光明的读书人，却是威胁更直接的"生路已绝，欲图他业以谋生，则又无业可托"。果然，一两月之间，已是"失馆者纷如"。对于家有恒产者，尚不至虑及吃穿，"若藉舌耕度岁者，处此变法之时，其将何以谋生乎"？

科举制本是传统中国社会一项使政教相连的政治传统和耕读仕进的社会变动落在实处的关键性建制，其废除不啻给与其相关的所有成文制度和更多的约定俗成的习惯行为等等都打上一个难以逆转的句号，无疑是划时代的。耕读之路走不通后，士人怎么办？年轻的或可进新学堂甚而出洋游学。但那些已到中年不宜再进学堂而又无力出洋游学者，又怎样因应这一社会变动呢？刘氏发现，许多读书人因科举废除而失馆，又"无他业可为，竟有仰屋而叹无米为炊者"。他不禁慨叹道："嗟乎！士为四民之首，坐失其业，谋生无术，生当此时，将如之何？"这才是几千年未有的大变局：整个社会的上升性社会变动途径已转向，新办的学堂从制度上和数量上均不足以代，而期望在社会阶梯上升等的人却并未稍减，社会动荡的一个重要造因已隐伏在那里了。

　　刘氏自己也逐渐不能见容于新时代，到 1904 年初，他已不得不"另图生计"，开始经营小煤窑。刘氏总结说："人之一生，皆有恒业以养身家。予藉舌耕为恒业垂二十年，乃因新学之兴，予之恒业即莫能依靠，将有穷困不可支撑之势。"故"不得已而就煤窑之生涯"。他一面以《中庸》上的"居易以俟命"自我解嘲，说是"处于乱世，所学不行，聊藉一业，以藏其身"；一面坚持称自己是"老农""乡人"，并不以"商人"（实业家这个词不在刘的语汇之中）为其身份认同。然而，这仍不能改变他之所为正是他以前一直鄙薄的因生活境遇不好而"弃儒就商"这一事实。清季民初世事变化的沧海桑田，终于使最后一代四民之首的士（而且是那些主观上希望维持其原有的身份认同者）自己走下了等级社会的首席，四民社会也就随之而解体，不复存在了。

　　刘大鹏是看到这一问题的关键的："四民失业，将欲天下治安，得乎？"的确，衣食足而后知礼节是中国的古训，先有面包后才有艺术是近代西人的新知。如果士无以为生，自然也就谈不上作表率。一个没有共同接受的榜样的社会，加上其余三民也多困苦（必须指出，也有不少适应社会变动而上升者），民生和民心皆不稳定，此时天下或者大乱，或者以严刑治；前者为清政府及鼓吹废科举者所不欲见，后者为尚未正式放弃儒家学说的清政府及推广改革者所不能为。中国社会向何处去？这的确是主张废科举者始虑所不及的。

其实，科考内容的改革，无形中已使那些仍能一心读书的士人所学内容从孔孟之道逐渐转向以西学为主流的新学。西潮的冲击是广泛的，从文化竞争的长远视角看，中国读书人在意识层面思想资源的转变，其影响所及，恐怕不亚于科举制的废除。在这一方面，身处内地的儒生型乡绅刘大鹏记录下来的与耕读生涯相关的心态变化，也给我们许多上层精英人物记录中所难见到的启示。

比如，在刘氏眼里，洋务并不等于自强。这或者是海峡两岸各以"洋务"和"自强"称谓同一"运动"者值得研讨的吧！对他那样的士人来说，搞洋务者所致力的"争胜"和"富强"，"凡举一政，必费巨款，而其款即从民间科派"；不但不安民，实是扰民，"虽云自强，其实自弱也"。传统儒家思想最反对与民争利，而新政之下的"修铁路、开矿务、加征加税"，无一不是与民争利，其结果是"民心离散"。而民心才是真正自强的基础："国家当积弱之秋，外侮交加，而欲奋然振兴以洗从前之耻，其策在省刑罚、薄税敛，施仁政于民，俾民修其孝弟忠信而已矣。不此之求，惟事富强，失策孰甚焉！"正因为这样，在刘氏眼中，"自变法以来，各行省民变之案接踵而起"，出现了"人心莫不思乱"的现象。"一有揭竿而起者，民必响应无穷矣！"

山西乡间的新旧之分也与口岸不同。刘氏在1905年夏才首次提到"近年来为学之人竟分两途，一曰守旧，一曰维新。守旧则违于时而为时人所恶，维新则合于时而为时人所喜。所以维新者日益多,守旧者日渐少也。"一般而言,在口岸地区,新旧两派的划分至迟是在几年前的戊戌变法时已经明确,即所谓"自六烈士杀,而新旧泾渭于是分矣"。但在刘氏的世界中,这个划分显然要晚得多。近代中国各地区思想心态的不同步,于此又可见一斑。而刘氏所说的"维新之人",并非我们一般史学论著中专指的戊戌变法前后的主张变法者。同样,像"新政"这样的字眼,在刘氏日记中也是 1903 年才出现,专指 1901 年及其后的"变法"。这就又一次提示我们,戊戌变法在多大程度上影响到全国,恐怕还是一个需要进一步考证研究的题目,很可能其影响主要仅在所谓"洋世界"的范围之内。

可以看出,儒生型乡绅刘大鹏当时记录下来的种种观点,从不同的方向和层面提示着一个问题:我们关于中国近代史许多耳熟能详的论断,在刘氏所处的"世界"中,或者不同时,或者不同义;这是否也说明我们的近代史研究到今天仍然是侧重某些层面,而忽略了另一些层面呢?假如是的,刘大鹏日记在近代史研究方面给我们的启示,就不止在科举废除引起的社会变化了。

《退想斋日记》,刘大鹏著,乔志强标注,
山西人民出版社,1990 年
原刊《读书》1996 年 10 期

东风与西风：中国近现代思想史上的梁启超

　　西方的中国研究通常都注重政治人物。像梁启超这样一个虽然参与政治，但主要还是个知识分子的人，却有三本英文专书进行研究，是极少见的。而且这三本书都是从思想史而非政治史的角度来研究梁氏知识分子的一面，就更加非比寻常了。五十年代初，列文森（Joseph R. Levenson）出版了《梁启超与中国近现代思想》这样一本开山之作。七十年代初张灏和黄宗智先后出版了他们对梁启超的研究。手边一时找不到黄氏的书，所以本文之评介只涉及前两本。列文森的书其实在大陆和台湾都有中译本。遗憾的是两个译本都错误甚多，且原书分析的精彩微妙之处，恰是错误最多的地方，有时译得与原作者的意思相左，故皆不足据。张灏的书听说也有了中译本，但尚未见到，不敢置评。为减少错误理解，本文的讨论仍据二书的英文原本。

　　怀德海说：人生如持续的轨迹，将各种不同的经历贯穿。从而形成"个人同一性"。列文森就据此提出一个基本预设："每个人都在情感上忠实于历史，而在理念上信守价值，并总欲使二者相结合。"列氏全书就建立在这个基本预设之上。然而，在十九世纪的中国，"历史和价值在很多中国人心中被撕裂了"。就梁启超来说，他"从理念上异化出传统，在别处〔西方〕寻求价值；但在情感上则离不开传统，为历史所左右"。列文森认为，梁启超终其一生，都在不断努力通过缓和历史与价值之间的冲突，来平息情感和理念间的紧张。更具体地说，由于在"历史"方面显然是中国失败而西方胜利，梁启超在其一生的几个阶段中，从不同的取向，不懈地力图肯定中国与西方在"价值"上的对等。与此同时，中国本身却正走在西化的道路之上。这就是梁启超的"个人同一性"。

列文森以为，梁启超一生欲将中西拉平的诉求，其实是在回答一个他的前辈和后辈都同样在关怀在回答的问题。这也是一个中国社会同时存在的各种观念都可以被看作是某种答案的问题。这样，通过梁启超这一个人的思想历程，列文森就认为可以看到中国整个社会，也看到了"近现代中国的思想"。

然而梁的思想是在不断变化的。同样，梁要回答的问题也在变。列文森将梁启超一生分为三段，在1873—1890年间的第一阶段，梁氏辩称中西思想原本相同，实则是想将西方价值走私进中国历史之中。1890—1912年间是第二阶段，梁氏在此时正式摈弃了儒家的外衣，但并不从文化上进行中西比较，而是在国家间进行比较。梁氏并认为，中国的文化转变是在新旧之间而不是在中西之间。最后，在 1912 年以后的第三阶段，由于第一次世界大战的影响，西方一些人对自己的文化悲观，梁氏得以重新讨论中西文明。这一次他强调中国文明是精神的，而西方文明是物质的。换言之，两者不仅对等，而且各有所长。

列文森用了一半以上的篇幅来讨论梁启超思想转变的第二阶段，这也是全书最精彩的部分。他分析文化主义和民族主义之间既关联又有别的关系，诠释社会达尔文主义对文化主义造成伤害且又成为民族主义的核心这样一种作用，以及描述孔子在梁启超心目中从先知到英雄的转变等方面，都颇具才华。列氏的论证和结论未必使人同意，但他在论证过程中的许多洞见，确实具有历久不衰的价值。列氏探讨问题的取向也很有启发性。全书立论构架颇佳，逻辑力量强，语言也很有感染力。但是有不少列文森以为早已成立毫无问题的论题，实际上需要进一步的仔细推敲。比如，西方的冲击到底在何时及在何种程度上影响了梁启超和中国近现代思想，这样的问题就使一些学者感到疑虑。于是到七十年代初，张灏等的《梁启超》乃应运而生。

张灏有一些列文森不曾具备的有利条件。首先是丁文江编辑的大部头《梁任公年谱》于 1958 年在台湾出版，其中大量的书信极有价值。不久张朋园在 1964 年出版了第一部受益于年谱的专著《梁启超与清季革命》，增进了对梁氏的理解。张灏的基本立论构架是，1896—1907 年那大约十年，是中国文化思想由传统到现代的分水岭，其重要性更在后来的五四运动之上。在这个转变时期中，具有"新民"思想的梁启超则是一个上承儒家传统下接现代中国思想各流派的过渡性中心人物。如梁氏"新民"说的民族主义部分，即是二十世纪的新传统主义者、自由主义者和共产主义者都共同接受的思想。张氏的论证在表面上看有些类似列文森关于从儒家的文化主义到现代（西方）的民族主义的思想转变的提法。但张氏的取向是不一样的。他承认西方冲击的重要性，但以为中国知识分子对外来冲击的反应是在传统中国儒家思想的内在理路之中做出的。张氏运用韦伯的"想象参与"程序，特别注意中国传统的内在层面及其运作。

张灏提出，从十九世纪中叶到该世纪末那段时间，中国存在着两个并行的思想世界：一个是少数边缘的条约口岸知识分子的世界，这些人受西方冲击影响甚大；另一个是大多数正统儒生的世界，这部分人主要的关怀尚不出儒家经典之外。只是到了十九世纪末的维新运动期间，两个世界即中学西学才相互影响，并整合出一套新的全国性的思想关怀和观念。梁启超的老师康有为的激进改革哲学，就是结合了清季儒学的"经世"思想和一些西方观念产生出来的，很能代表当时中西学间的文化交流。然而康有为思想的核心还是儒家的内圣外王思想，这个思想亦为梁启超所传承。而内圣外王思想，正是张灏全书一个持续的主要论题。

但是梁氏的思想渊源还要更复杂。梁也受谭嗣同本体论的影响，但特别是严复加工过的社会达尔文主义和英国自由主义，对梁影响甚大。于是梁启超从 1896 年起，渐从经世之学转化到以受西方影响的"群"的观念为核心的"新民"说。1898 年梁氏流亡日本，接触到一个由西化的日本意识和日本化的西方思想组成的更加广阔的思想世界（张灏不曾论及日本化的西方思想是否对其原始意义有所曲解或发挥。同样，张亦不认为西化的日本思想对梁有很大的影响。这些恐怕都有待进一步的探讨）。到 1902 年，梁启超已成功地将"新民"说系统化。但是次年他对美国的访问，又使他进一步发展了"新民"说。梁启超在海外的华人社会中，看到家庭观念和村落意识的影响仍然很大。同时，他也从美国的工业力量中看到了"经济帝国主义"的阴影。在梁氏看来，两者都将是中国民族主义发展道路上的障碍。梁氏的"群"的观念本来是注重协作意识的，现在则转而更倾向于政治权威，因为这样似乎才有利于保护中国抵抗帝国主义。

沿着这样的思路，梁启超又回过头来重新强调中国传统的"私德"观念，这和他以前提倡西方的"公德"观念恰成鲜明对照，那时他本认为公德才有利于"群"的和谐。张氏的这种论述又显露出类似于列文森模式的第三阶段：回归中国。但张氏的解释恰又是反列文森的。张氏以为，梁启超并非为了迎合其情感的需要去维护中国传统；相反，某些儒家观念存在于梁氏的西化"新民"说之中，恰证明梁并不曾异化出中国传统。有意思的是，除了批判以外，张氏甚少引用列文森的书。有时张氏虽然没有引用列氏的观点，细心的读者也可以发现，其论证正是直接针对着列文森的诠释。

张灏对梁启超的著作是下了苦功夫仔细研读的，故其对梁氏思想渊源的分析十分坚实，且甚具说服力。他关于中国当时有两个思想世界并存又相互影响的论证独具慧眼，很有启迪性。但梁启超虽然是张氏用来证明其更广泛的关于1896—1907年这一文化转型期之立论构架的一个中心人物，亦仅此而已。张氏真正着意的，是那十年的转型期，而不是梁启超。问题在于梁氏的思想发展并未停顿在1907年，以此时为下限截断梁氏思想的讨论，给人一种不完整的夭折感。若张氏能按其取向对梁氏的后半生继续研究，成就必会更佳。

从某种意义上说，张氏将其研究截止在1907年，恰好减弱了他本人最初的论点的说服力。盖张氏主张1896—1907年这大约十年在中国文化的转变上比五四运动更重要。但有人或许要问：如果这十年果真那么重要，如果中国思想文化已有一根本的转变，何以又有五四时期的新文化运动呢？这两者间的关系又是如何呢？另外，张氏或因强调内圣外王，使其研究或可说太过于简洁内倾，而且太偏重上层文化。正因为梁启超的政治思想在这转型期是如此重要，有人或会疑虑梁氏的思想到底在多大程度上照应了当时中国的需求？中国的听众或思想接受者在这一时期和五四时期有无大的变化呢？对这些问题的解答，大约可以提示一个侧面，去认识为什么在1896—1907年间的大转变之后仍会有五四新文化运动的发生。

无论如何，张灏和列文森都把梁启超视作一个在过去的儒家与二十世纪的共产主义者之间的过渡人物。他们也都强调梁与中国共产党人之间的思想关联。列文森以为梁启超和共产主义者具有同时代性，因为他们都试图回答同一个历史问题。张灏则注重梁的思想对共产主义者的影响。他认为即使在他写书那个时候（即六七十年代），梁的新民观念"仍是〔中国〕共产主义价值观念系统的重要组成部分"。的确，毛泽东曾确认梁启超对他早年的影响。但这并不一定表明两者的思想有什么逻辑联系。毛的那一代人或多或少都受过梁的影响。那是历史。重要的是，梁与毛两人思想之间的联系是历史的而非逻辑的，这个区别极为关键。梁的思想对六七十年代中国共产主义价值观念体系有没有或有多大影响本身尚须进一步推敲，但影响的程度是否到了"重要组成部分"的地步，我们是有些怀疑的。实际上，列张二氏对梁启超与共产主义者的思想关联的强调，正表现了当时美国汉学界一种想要在理论上为中国共产党人的革命寻求依据的倾向。这也就是所谓费正清学派的一个特色。

如果列张二氏对西方思想的原本意思与中国传译的西方思想之间的异同做细致一些的梳理，大约会更有助于我们对近现代中国思想的了解。两人都应有能力做这样的工作。列文森虽是汉学家，其西方思想文化的功力甚深，随意引用西哲著作，如数家珍。列氏过人的聪明，亦使他能从梁启超的大量著作中领会到许多中国传统文化和当时中国思想的重要因素。张灏是殷海光的学生，殷氏一门在中国人中是以西学见长的。不过张氏的西学功力在这本著作中表现不够充分。相反，或许也是张氏有意为之，他在讨论西方思想时似大量依赖于梁启超的著作，但却缺乏必要的界定，即他到底是在讨论西方思想还是讨论梁氏理解的西方思想。张氏对中国传统文化的把握，似略逊于列氏对西方文化的把握，引用时有时略呈费力的感觉。不过张氏对梁启超思想渊源的中国传统部分的梳理，是坚实而令人信服的，可以说张氏成功地把梁启超放回了中国思想发展的内在理路之中。

张灏显然强烈反对列文森关于梁启超在理念上异化出中国传统而情感上又固守传统的基本预设。他同样明显地不欣赏列氏关于梁总在寻求中西对等的论点。不过，列氏的论证和结论是否确切是一回事，但他确实看到了问题。在许多近现代中国知识分子的内心里，确实存在着某种中西冲突的心理紧张。中国士人寻求一种新的社会和伦理秩序的努力，或可上溯到很早的时期，但西方的冲击无疑使这种新秩序的寻求成为紧迫需要。

对十九世纪中叶以来许多探索中国现代化和富强之路的知识分子来说，现代化不可避免地意味着或多或少的西化。这正是中国知识分子与启蒙时代西方知识分子的最大不同。西方寻求的现代化是渊源于本土的，或至少是只有新旧而无本土与异邦的冲突。而中国寻求的现代化至少在当时人看来多少是异邦的。

傅斯年在半个多世纪前曾沉痛地表露说，像他和胡适那样看起来反传统又在理念上希望中国像西方一样现代化的知识分子，在安身立命的根本之处还是为中国传统所塑就的。全盘西化的问题在二十世纪三十年代的大陆，六十年代的台湾和八十年代的大陆三次引起激辩，每次辩论都充满了情绪化的尖锐词句和语调，已充分说明中国知识分子心态中确有某种中西不平衡的紧张。正像林语堂早就说过的，这种种中西文明的争论，其实是有某种爱国主义情绪在起作用。列文森所提出的这种心理紧张，多少与民族主义情绪有关，我们切莫低估民族主义在近现代中国的影响力。

不过，梁启超和近现代中国知识分子心态中确有中西不对等的紧张，并不意味着梁确实一直在努力寻求和确定中西的对等。心理紧张与个人行为这中间，有许多东西还需要一一研究。但是列文森这样来认识和诠释梁启超，恰表明他本人和梁氏也具有"同时代性"。借用他自己的话说，列氏的诠释恐怕也是对一个不再有存活力的问题的有时代谬误的答案。

在某些方面，列文森甚至不能跟上梁启超的某些超前论断。透过列文森关于中国知识分子心理紧张的诠释，我们或能觉察到其背后隐伏着的韦伯式的关于中国传统的儒道二家有碍于资本主义经济发展的论式。在四五十年代列文森写这本书时，这个论式还是被广泛接受的。但是正如列文森所说，历史在变，历史提出的问题和需求的答案也在变。"亚洲四小龙"的经济成就已证明上述韦伯式的论式的谬误。许多新的研究表明，现代化，至少是经济意义上的发展，可以不一定是西化。这就反过来表明梁启超当年用新旧而不是中西来表达走向现代化的转变，恰好有着先见之明的提示性。列氏为其时代所限，反不能欣赏梁的预见。列氏曾说，当中国共产主义者向前看时，梁启超在向后看。我们或可说，当梁启超向前看时，列文森未能跟上向前看，也就等于是在向后看。从这个意义上看，列氏与梁启超当然又不具有"同时代性"。

列文森曾说："当我们认识到答案的时代谬误时，我们也就认识到了问题本身的演变，这演变又与实际生活离题渐远。这就是思想史的进程。"列张二氏的著作，无疑都已在这问题和答案不断演变的思想史进程中占据了一环。但一本涵盖梁氏一生并兼顾其中西思想渊源的研究，尚有待来者。

Joseph R. Levenson, *Liang Ch' i-ch'ao and the Mind of Modern China* (2nd ed., Cambridge, Mass., 1959); Hao Chang, *Liang Ch' i-ch' ao and Intellectual Transition in China, 1890–1917* (Cambridge, Mass., 1971)

原刊《读书》1992 年 6 期

跨世纪的启示：从章太炎到古史辨

　　清季西方势力入侵引起的冲击，李鸿章尝称之为"三千年未有之大变局"，论者亦多引用之。此语虽触目惊心，其实却是经不起推敲的。盖其后隐伏着一个大判断：即三千年来中国并无这样大的变化。这种观点，多少与当时西人以为中国沉睡的见解相符，其思想渊源或直接来自西潮，亦未可知。

　　以政治制度言，中国的大致不变，最远或可推溯至秦汉郡县制大一统帝国的建立，算来也不过两千年。以民族互动言，元代蒙古人入主中原，从传统的"夷夏之辨"观念看，因牵涉到种族风教之殊，与历代一般意义的因"异姓"而"灭国"实已大不相同（李鸿章以汉人食清禄，将此避而讳之，有其时代今典）。若从思想看，则三千年间大变甚多：从先秦的百家争鸣，到秦汉之一统独尊，已使思想界面目迥异。而佛学的东渐，虽由于佛教尚多神而主不争，其威胁自不能与不容异端的基督教同日而语，且亦无炮舰相随；然反观当年关于"神灭"与"辟佛"那些争论，则在时人眼中，其冲击恐怕并不逊于清季士人眼中的洋教与西学。

李鸿章的论断虽经不起推敲，却颇能代表当时士人的文化危机感和以传统因应西潮冲击之无力感。从思想史角度观之，李氏此语甚具时代象征意义。论者纵然知其不确而多引之，大约为此。非但如此，李氏这一呼也揭示出同时代人及其后人的一个趋向：即在思考和讨论西潮冲击之时，把中国传统文化与政制视为不变的一体（同时也把冲击的西潮视为基本不变的定量）。不幸的是，中外现在许多思想史的研究者，似仍未跳出这一窠臼。

其实，近代西方和中国各自都是变化万千：不仅冲击中国的西方是个变量，西潮入侵之时中国本身的传统也在变（当然双方也确有许多——或者是更多——不变的层面）；中西双方思想的演变不仅与其文化、社会、经济、政治等方面的变化密切相关，且思想本身更有其发展的内在理路。就中国而言，对西潮冲击带来的变化，学者们论述较多，而对中国文化传统自身演变的内在理路，则似乎一向注意不够。

近代中国传统自身的内在变化其实是显著的，特别是传统学术中向居主流的经学，就曾经历了一次翻天覆地的大变化。而且，不仅传统在变，维护传统的人也在变。过去不少人将清季民初的思想界描述为泾渭分明的传统与反传统的两军对垒。实际上，反传统者的思想模式和手段，有的相当传统；维护传统之人的思路言路，其实也常循西法。反传统的结果，使许多士人更看清传统价值的许多面相；对传统的冲击、破坏，有时反由某些维护传统者所造成；而传统之路数，又为反传统者所承袭。这样一种诡论性（paradoxical）的历史发展，正是近代中国思想史最复杂又最具挑战性之处。海外学者之中，先从这样一个取向探讨清代以来中国思想史发展的，是余英时教授。沿此取向发扬光大，几年间写出两部力作者，是台北的王汎森君。

王君的《章太炎的思想（1868—1919）及其对儒学传统的冲击》初版于1985年，1992年的新版更名为《章太炎的思想——兼论其对儒学传统的冲击》（以下简称《章太炎》）。在该书的"新序"中，作者特别强调了近代中国思想史中在一些看似共相的表面现象之下隐伏的"多歧性"特征：

> 本来中国传统文化的内容是极为复杂的，而且充满紧张性。[近代] 在外力威逼之下更促成了重组与变化。同时，文化的承担者间也有种种复杂的反应。受传统学术文化最深刻熏陶的人并不一定支持传统，受传统文化教育极少的人，也不一定对传统价值采冷淡或反对态度。革命的人不一定反传统，而反传统之人也不一定支持西方思想或现代民主代议制度。痛恨过去历史的人，并不一定支持或提倡任何新的改革，而痛恨现况却又对未来感到犹豫的人，也不一定怀念过去的状态……参与某一变革活动的人，常只是在那历史性的特定时刻为了某些相近似的特定目标而聚集在一起，但在变革之

后，每个人对下一个终点的定位与取径之间，有些人止于此，有些人止于彼，经时间的淘洗而日渐分离。

《章太炎》一书奠定了王君在国际中国思想史学界的地位。到 1987 年，王君的《古史辨运动的兴起：一个思想史的分析》（以下简作《古史辨》）出版，影响遂更广远。1990 年美国出版了日本京都大学著名汉学家岛田虔次关于章太炎的论集之英译本，译者是加州大学的傅佛果（Joshua A. Fogel）教授。岛田氏对中国近代反传统思想的兴起与尊孔之关系多有高论，傅佛果对此评价甚高，以为尚无他人如此系统地注意此问题。但岛田氏的文章原发表于七十年代，而傅佛果到 1990 年尚如此说，就稍显其见识不广。美国汉学家墨子刻（Thomas Metzger）遂在书评中提醒傅佛果：他尚未读到的王汎森对该问题的讨论，"其创见和洞识均超过岛田氏的见解"。

的确，王君二书在引用西人的方法论著作方面，既毫不觉勉强，又审慎而不牵强（这与今日汉语史学界好滥引误引西人见解的倾向适成对照）。且其文笔亦佳，辞足达其所欲言。更主要的是，全书的分析实奠基于作者对清季今古文经学发展演变的深刻把握之上。

一般的近代思想史研究，关注的多是魏源、冯桂芬、郑观应、王韬、黄遵宪乃至孙中山等受西潮影响较多的口岸人物；而于康有为则见其维新，章太炎则见其革命。口岸人物当然无疑是中国近代思想史的主线之一，但其所窥西学，至多不过皮相；其所受的教育及思想基础，实则仍是传统的（孙中山或稍例外）。他们所得心应手者，实在也多是从传统中来。而康、章两人，又正是清季今古文经学的领袖人物。在不忽略其他因素的情形下，突出经学之演变、特别是今古文经学之争对近代思想史的重要影响，是王君二书与其他许多近代思想史研究不同的一个显著特征，也恰好是过去研究中所不足的。

太炎的文章，向以难读著称。但王君引用及诠释章氏文字，信手拈来，如数家珍，其旧学功底之扎实，可见一斑。太炎的学问，渊源博杂，且一生思想数变。王君对其思想脉络进行细致的梳理，将影响章氏最多的主要思想资源归纳为：乾嘉朴学、晚清诸子学、严复转译的西学以及佛学。他形象地用太炎自述的"始则转俗成真，终则回真向俗"两句话来概括其一生的思想历程。盖章氏早年师从俞樾，所学大致不出朴学与诸子学；甲午战后，又用心吸收严译西学，受进化论与社会学影响尤深；《苏报》案后，则潜心佛学之大乘法相宗，一度以唯识学为基础建立起"五无论"；此即所谓"转俗成真"。

约从 1908 年起，章氏进而深研《庄子·齐物论》，并融汇瑜伽和华严宗的一些观念，写成《齐物论释》，主张"以不齐为齐"，强调世界各文化及古今中外各学术思想均有其自身之标准，既不必强求一致，也无所谓高下之分，其是非对错只宜在各个甚难相互比较的标准之内做判断。这种在精神上承接晚清诸子学兴起时多元倾向的"回真向俗",我们过去的注意是不够的。

且王君这一梳理分析不是静止的,而是动态的。他一方面注意到时代社会外在语境的影响,另一方面更能进入章太炎各项思想渊源的内在理路之中去把握其发展衍化。比如章氏老师俞樾主持的诂经精舍,虽是朴学的大本营,作者却观察到其已兼容今文与古文两家,同时更兼治经学与子学这样一些新趋向。王君特别重视学术争论过程中论战双方的相互影响。如太炎的社会思想,向与严复相左,且曾撰文不点名诟骂严复"其理虽已浅薄,务为华妙之辞以欺人"。但作者经过仔细梳理分析,却能得出"太炎早年的文章中,处处有着严复的影子"这样的结论。

更重要的是,在处理康有为与章太炎为代表的晚清今古文家之争时,透过双方争斗的表面,看到太炎在攻击有为的同时,却在一定程度上使用着康氏的思维方法。而太炎自己也在与论敌的长期缠斗中,一次又一次地修改自己的立足点,其思想竟渐离古文家数,不知不觉地"被论敌制约形塑成一个特殊的风貌"。

除了其反满革命的一面,长期以来,章太炎多被视为传统与国故的代言人。他本人也确曾提出"复古"。实际上,不仅作为经学"古文家"的太炎与以前的古文家已大相径庭,作为"传统"标志的章太炎所维护的传统,也与许多人认定的"传统"迥然异趣。王君仔细剖析了章太炎从早年尊孔到后来诟孔、再到晚年又尊孔的言路变化。章氏早年之尊孔，是将其尊为天下之"共主"；到晚年再尊孔，则只尊为百家中之一家、国故之一部。在王君看来，其实太炎的本意，"复古"即是"提新"；他所要复的古，是先秦百家争鸣时的古。对汉代以后以儒家为主流的"传统"来说，太炎的复古也有"反传统"的意味；其复古与反传统，本有相通之处。

同时，太炎对从盗跖、王充到五朝学等历代非正统"异端"的揄扬，也一步步动摇了正统的根基。但章氏对儒家传统最彻底的冲击，恐怕是其将"六经"历史文献化的做法。王君强调，太炎对"六经"的新诠释剥去了其神秘的外衣，"使六经的神圣性发生根本的动摇，也使由经见道、援道济世的千古大理想崩坠"。章氏在古文经学上的高峰成就人所共赞，无疑标志着清代考据学的胜利；但具有诡论意义的是，它也同时反映了传统经学的终结。从这个意义上言，"清代的古文经学是铸造了打败它自己的武器"。

更具诡论意味的是，太炎本人及其思想共同构成的"旧"形象（image），已成章氏下一代的新文化人攻击的目标之一；而太炎并不认同的新文化运动之激烈反传统以及相随的整理国故运动，却不仅随处可见章氏的影响，且在一定程度上正是太炎流风的继续。二三十年代在中国史学界占主导地位的"古史辨"运动，就与章太炎的反传统思想有着密切的承接关系。这也是王君《古史辨》一书的一个主要论题。

近代西方势力叩关，中国士人在因应西潮冲击并维护传统的过程中，或纳西学于传统之"躯壳"中，或设图回归到更为"传统"的状态去，其目的虽不外使传统更有效地应付当时的变局，其手段却迥异。依王君所见：意图和手段外在结构与内在精神之间的组合方式，可以有千变万化。而过去习用之"新""旧""进步""保守"一类术语，实不足以窥近代思想之全豹，而必须做更深入细致的解析。在同一"爱国、救国"之目标下，有人固以为爱国即抱陈守缺，而另一些人却以为非得"冲决一切网罗"（谭嗣同语）不可毕其功，只有以激烈破坏和激烈个人主义的手段才能挽狂澜于既倒。故破坏即救国，爱之愈深，而破之愈烈，不大破则不能大立。

在这样的时代氛围下，"古史辨"运动对传统之冲击，其激烈就远甚于太炎了。虽"古史辨"派提出的问题，在两千年来之典籍整理中不属鲜见。而其恰值此时酿成一影响巨大的学术运动，亦因时势使然。反面观之，时代氛围只是外在环境条件，而运动之勃兴，其主将顾颉刚等人之作用实属不可或缺。顾氏的"层累造成说"，正是"古史辨"的主导思想。

但是，层累造成完全可以释为无意的自然积淀，而顾氏学说之要旨，却在其认定这一切均为战国到汉代有意的伪造。所以无须层层辨伪，只需一举推翻。依王君之见，这是"古史辨"派与传统考据辨伪的本质区别。只有把握这一特质，才能搞清除崔述、章太炎、胡适及民俗学的影响外，顾颉刚这位"五四"学生的疑古学说之基本构架，实是依附于"旧派"的康有为所集大成的清季今文经学。所以王君《古史辨》书以一半篇幅来解析康有为等今文家"本意尊圣"而终至"疑经"（余联沅语）的诡论性发展。这也是全书最见功力和最精彩的部分。

王君在分析中，既借鉴前辈学人如大陆汤用彤、周予同和海外余英时的既有成果，又不时活用各派西人的思想方法，并沿今文经学自身发展的"内在理路"，将清季今文家在返求孔子原典的目标下，始则全盘否定古文经之地位，将其一概斥之为刘歆集团为助王莽篡位所伪造；继而以微言方式遍解群经，更进而认为今文经亦皆孔子手造以寄托其王心，故其中史事亦不必有根据。康有为更以同理析诸子，以为其均系创教改制之作。而出土简牍亦皆为刘歆集团伪造预理，结果是旧有典籍无一幸免于伪。今文家在处理经典与时代之"关联呼应"时，只顾时代需要随意诠释，终至作茧自缚，而陷入不拔之境。故章太炎早就断言：长此以往，则"兰台历史无一语可征信"，而"后之人必有言之者"。二十年后，"古史辨"运动果然蔚然而兴。

王君二书对经学分析的字里行间，暗含着一个方法论的提示：即今古文不过是经学这一钱币的两面，虽相对而不必非势不两立不可。书之真伪应与书中所载史事之真伪区别对待，即使是伪书，其中亦可有真史料。进而言之，今古文经学本可以是互补而相辅相成的。由正面言，文字考据到一定程度，必引发对"微言"的新理解；而"微言大义"的阐发，亦常导引出文字考释之新方向。相得益彰，此其谓也。由负面言，任何两者之一走到极端，必重形式而轻内容，自损其价值，结果为对立面的兴起创造条件。西人治学，也是一派重基本事实，一派重诠释阐发。近年是后者颇占上风，虽新论迭出，渐亦现其"空"而失真的隐忧了。

问题在于，清季经学到了俞樾、章太炎师徒之时，已渐有今古融合之势；诸子学的兴起，也暗伏打破儒家独尊而恢复百家争鸣的前景。太炎的"齐物"思想，不仅确认中外各家的存在价值，且为其合理性提供了理论根据。彼时中国思想界，无疑正处于一个转化突破的临界点阶段。在传统已被破坏得体无完肤的情形下，五四诸人何以仍感到传统的压力而强调破坏的一面？并且似乎不援西学为助就不足以反传统？新文化运动在"德""赛"二先生的旗帜下进行，充分体现了五四诸人在可能是假想之传统压力下的无力感。

五四人援西学为助固然与晚清以来向西方学习这个潮流相符，但仔细观之，其所援之西学多采皮毛而甚少深究。在此大潮流下，当时许多士人之思想可以说是数年一变，速者一年数变，而断失根柢。虽然求新求变，但总趋向离不开追随二字，甚少有所创造。而太炎的"齐物"思想，实属当时极少有的一个原创性思想体系。但太炎的弟子辈，无论是站在维护还是冲击"传统"立场的，对"齐物"思想似乎都不能欣赏。不仅当时，就是现在，像王君二书这样能标举太炎"齐物"思想的也属鲜见。这又是为何？两书作者在为我们梳理出五四反传统思想的传统渊源之时，也提出了一个需要深思的问题。

《章太炎的思想——兼论其对儒学传统的冲击》，
王汎森著，台北时报出版公司，1992 年二刷；
《古史辨运动的兴起：一个思想史的分析》，
王汎森著，台北允晨出版公司，1987 年
原刊《读书》1991 年 10 期

重建傅斯年学术与生命的历程

　　到华盛顿开会要坐上五个小时的飞机，路程既长又无聊，我总是要带点儿东西读读，可是自己专业的读物实在无味，便挑了王汎森的《傅斯年》(*Fu Ssu-nien: A Life in Chinese History and Politics*) 在路上看，书不离手地一直看到飞机降落在杜勒斯国际机场。掩卷之余，发觉自己对汎森兄又增添了不少认识，也对这本著作表现出来的学识相当佩服。

　　十几年前的 1991 年，我曾经和当时正在普林斯顿大学读博士的罗志田兄，为汎森兄的另外两本书，即《章太炎的思想》和《古史辨运动的兴起》写过一个小小的书评，发表在当时的《读书》杂志上。当时，我们就都觉得汎森兄学识与功底俱佳，那两本书也确实不同凡响。斗转星移，转眼十几年过去，汎森兄不仅荣膺"中研院"院士，还当了史语所的所长，志田兄从四川大学教授转任北京大学教授，我因为专业关系离历史学越来越远，平时，最多也只能挑一些熟人所著史学书籍闲读，来轻松一下始终紧绷的弦，不过，当我读了汎森兄的这部英文著作后，仍然忍不住技痒，写下一些已是外行的感想。

一

作为一个五四运动的学生领袖、一个历史学家、一个政治和社会评论家、一个学术组织者，傅斯年可能是二十世纪中国思想界和学术界最充满色彩和最有影响力的人物之一（5页）。关于傅斯年已经有不少论著，不过，我所看到的几种都不惬人意，不仅见识不高，对于傅斯年的"古史重建"了解较浅，对傅斯年影响现代中国学术的估计也不足，对傅斯年的政治情怀和民族意识体会更不深，像汎森这样占有大量资料的研究更不多。汎森兄在重建傅的 Life history 时，所依据的资料，不仅有各种版本的傅斯年文集（如 1952 年台湾大学出版的《傅孟真先生集》五册；1967 年文星书店出版的，增加了 43 篇论文的《傅斯年选集》十册；1980 年由俞大采撰序，又增加了 9 篇文章的《傅斯年全集》七册），还拥有各种新发现的傅斯年文字、私人访谈和各类纪念文章，特别需要指出的是，他可以利用保存在"中研院"历史语言研究所，包括五个柜子四千多件的傅斯年档案（简称"傅档"）。我注意到一个细节，因为近水楼台的缘故，汎森可以直接读到傅斯年所藏王国维《观堂集林》和《古史辨》，从书的空白处傅的批注中，可以看到傅对王国维和顾颉刚的感觉（108页，115页的注），而这些资料的使用，不仅使这部著作成为有关傅斯年人生最翔实可靠的传记，也使这部著作成为有关傅斯年学术最深刻的探索。

毫无疑问，在研究傅斯年的时候，首先应当谈论他关于"古史重建"的见解，因为傅斯年进入现代中国学术世界的时代，恰恰是有关古史的大辩论时代。那个时候的古史辨运动，使得顾颉刚对古史的怀疑成为主流，就连此前人在国外的傅斯年，也曾支持过古史辨运动，很羡慕顾在史学界称"王"。根据徐旭生的描述，在二十世纪二十年代，这是一个大潮流。中国各大学历史系除了信奉古史辨者之外，其余所剩无几，有的人甚至激烈到认为，汉平帝以后才有信史，以前皆为伪造。但是，傅斯年回国之后不久，他却成为顾颉刚这一历史观念的批评者，汜森兄在书中（124页）提到，傅曾写过一个小故事以讽刺他的朋友顾颉刚和钱玄同，他指出"傅氏最重要的贡献之一，就是他将古史的研究重新开启"，他努力地从古史辨和疑古思潮中拯救古史，如《左传》《国语》《周礼》等等，他在中山大学给学生讲课时就指出，"伪造"二字，并不都能适用于被发现的古史料矛盾上，汉代儒生尤其是刘向、刘歆父子在编定文献时也许有错，但并不是故意"伪造"。

走出疑古思潮，来重建古史，并不等于是重新恢复传统的古史观，傅斯年所重构的古史图像与传统大相径庭，汜森特别指出的是，读者应当注意到，傅在重新拯救古史中，作为学术领袖，曾在历史、起源和文明方面，都有相当有意义的举措和论述。

汎森兄指出傅斯年关于古史的一个重要举措，就是通过现代的考古发掘证明古代中国文明与历史。很少有人把中国辉煌的考古发掘和傅的远见卓识和领导才能联系起来，也很少有人提到后来几乎所有考古界的头面人物包括夏鼐都是历史语言研究所训练出来的。其实，从一件小事就可以看到傅的重要性，他任命李济取代董作宾去领导安阳发掘，这便是一个重要的决定。如果说，擅长古文字研究却未必精通现代考古的董作宾仍在"掘宝"，即"金石学"和"挖古董"的意识中操作，并不知道考古分层的意义远在甲骨片数之上，那么，由考古学家李济领导的安阳发掘，不仅证实了殷代甲骨的可靠性，而且证实了殷商已经进入青铜时代，还反驳了中华文明西源论。众所周知的是，这种中华文明西源论，自从拉克伯里（Terrien de Lacouperie）以来，曾经被章太炎、刘师培所接受，和古史辨的观念一样，共同形成了对古中国文明和古代中国史的瓦解。

汎森兄指出傅斯年关于古史的一个重要论述，是以"夷夏东西说"重建了中国文化起源的多元论。当然，顾颉刚是率先怀疑三代一脉的线性传承的学者，但是汎森注意到，虽然他启发了傅斯年把原来的一元古史说分解成了多个过程，傅斯年也曾在二十年代支持过古史辨运动，但他在三十年代就已经改变了看法。汎森兄曾看过一个傅的笔记本，上面有题为"虞夏两系统"的笔记，也许就是后来著名的《夷夏东西说》的草稿大纲，他说，傅和顾颉刚不同的是，"顾颉刚把旧的大厦推倒，而傅斯年用碎砖重建了古史"（99页）。傅斯年提出，三代并非纵向线性嬗递，而是横向展开的，古代总有两个民族常常争斗，舜是东部部落的首领，而禹是西部部落的首领，他认为文化是从东到西传播的。同时他也瓦解了殷的腐败和周的圣洁这种"历史进步"说法，这种殷周文明论述，不仅是古代正统历史家的说法，也是自王国维以来现代史学界的观点，但傅却对东方的殷商文明给予很高的评价。

这种"文化多元说"在1927年深受廖平影响的蒙文通那里就提出过（可参看其《古史甄微》），但是蒙文通的文字没有产生太大的影响，主要是因为他完全依赖文字材料，后来经由1934年傅斯年用考古发掘与文字资料并重的研究，也许还经由1943年徐旭生通过神话传说的研究（可参看其《中国古史的传说时代》关于华夏、东夷、苗蛮的见解），才真正重新奠定了多元古史源流的新见解。"蒙（文通）、傅（斯年）和徐（旭生）的有趣巧合，就在于他们全都在对古史辨作出回应，他们全都将非正史的资料视为比正史更有价值。这一对史料评价的立场逆转，帮助打破了古史研究的僵局"，不过，汎森兄还细心地指出，一方面，傅斯年在欧洲游学的经历也许对他有很深的影响，因为欧洲是多民族所组成的（105—106页），傅的公式就是"历史就是种族和地理的乘积"（106页），另一方面，傅对中国文化起源于山东的说法甚为固执，"这种努力似乎部分源于他对故乡山东的浪漫情结，但是傅的方法的严谨以及他对求证的执着，使他的理论超越个人情感的内容和诚恳"，因此他并不仅仅像蒙文通和徐旭生那样，只是通过史料互证来完成他的假说，除了他对考古发掘与文字资料的综合使用外，他对东方本地文化传统的认识，对欧洲历史的感受，使他并不同于前二人。汎森兄的这一对比相当独到，通过他对蒙文通（1927）、傅斯年（1934）、徐旭生（1943）这一对比，我们清楚地看到，傅斯年关于古代两个部落群体常相征伐的说法，直接与三代一脉和谐相承的传说相抵牾，粉碎了所谓"十六字心传"的神圣系谱，也改变了文明由西徂东的惯说，指出了文化的由东向西，这让我们了解到为什么傅斯年的影响最巨。

领导考古发掘，提出夷夏东西说，可能是傅斯年重建古史的重要贡献，徐旭生、王献唐以及拉铁摩尔都受其影响，与傅共事的三位考古学家李济、夏鼐和高去寻也始终坚持龙山文化有其独立本源，虽然张光直早年曾经因为龙山文化在仰韶文化之上而倾向一元论，但在他1986年的《古中国考古》第四版中，也放弃了中国文明起源的一元论。可是，这种重要贡献却曾经被有意或无意地遗忘。尽管安阳考古由傅斯年直接领导，傅斯年领衔的《城子崖》（1934）出版，曾是夏鼐承认的中国考古学最重要的事件，但是"文革"结束时夏鼐谈中国考古学与安阳发掘，竟然没有提到傅斯年的名字。而1987年逄振镐写《东夷古国史论》，明明用了傅斯年关于东夷的观点，却连一点点

Credit 都没有给傅斯年（7 页）。

二

中国现代历史学的革命，始于顾颉刚而完成于傅斯年，换个说法就是"从破坏到重建"。汎森兄很早在《古史辨运动的兴起》（以下简称《古史辨》）中就指出，这一过程是现代中国学术的逐渐形成历史。在此书中，他利用他能够掌握的档案材料，为我们描述了顾颉刚和傅斯年由同盟到交恶的过程，因为这一过程并不只是个人恩怨，而是折射着那一时代中国历史学界的变化。

1986 年，刘起釪在《顾颉刚先生学述》中曾经认为，傅与顾的交恶，是因为顾颉刚在没有得到同意的情况下，公布了傅斯年的一封信，这封信中傅斯年称顾在"历史学称王了"。事情当然没有那么简单，根据史语所保存的档案，汎森兄在书中清理了这一过程，傅当然是一个竞争心很重的学者，在给胡适的信中，他也确实暗示了他不愿折服于顾的历史学威望之下，但是更应当注意的是，他的古史观念确实与顾不同，汎森兄看到傅在自己所保存的《古史辨》的空白处对顾的批评，这一对古史的差异观念使得他和顾分道扬镳，在古史研究上另辟蹊径，汎森兄也注意到档案中保存的 1926 年傅斯年关于五等爵的笔记和草稿中有对欧洲贵族制观察的痕迹，显然，有留学经验的傅斯年和未出国门的顾颉刚相当不同，也许正是这种经验，最终使他们各树旗帜。

　　和顾颉刚逐渐"转向民间"也不同，从 1937 年起，傅斯年开始"转向经典"，对儒家道德哲学起源的探索，因为这是中国人文思想的初始和儒家道德哲学的源头。汎森兄书中指出，《性命古训辨证》不仅是历史学与哲学方法理想的结合，而且在看上去严谨的学问中，实际上有傅斯年的现实关怀。有的傅斯年研究者竟然完全忽略了它的意义。其实，如果注意到傅在 1919 年即五四时代所编的《新潮》英文名为 *The Renaissance*，注意到 1923 年的"科学与人生观论战"，人们就可以发现傅的这一学术考证隐含的现实含义。早在 1928 年，傅就认为，"仁义"不是天生的而是后天的，所以他向来比较夸奖荀子而不很认同孟子，对于宋代以来儒者继承发扬孟子的心性说，傅是很不赞同的，他对新儒家即理学的蔑视，可以从贺昌群和傅的学生孙次舟给傅的信中看到，据说，劳干就曾提到，傅主持的《历史语言研究所集刊》从不发表有关新儒家的东西。他也像阮元《性命古训》一样，试图给它做一个追根溯源的历史考察。不过，汎森兄比较了阮元和傅斯年的研究，指出傅、阮的差别，在于傅用了考古与金文的证据，而阮只是用了古代书面文字的材料，阮元只是指出了"性"和"命"并没有神秘的意思，而傅认为这两个字压根就没有在西周典籍中出现，尽管这两个字的今义已经在东周可能出现，但直至汉代，"令"和"生"并没有被"命"和"性"所取代，是五经先秦的传抄者将这些字按照后来的意思抄写而成的。

　　将古圣人之说非伦理化，这是傅的一大贡献，在那个时代，接触考古和甲骨的李济、董作宾、徐中舒，都不约而同地指出，很多伦理思想从未出现在殷商时代，至于"心""性"这样的文字，也只是在周中期才有。这些说法显然可以帮助傅较阮更进一步，把这些伦理化的圣人思想放回历史。汋森兄在傅斯年的几篇未刊手稿中也看到，傅的这种非伦理化的倾向，他还用张政烺给傅的信，说明傅斯年"去神秘化"的决心，张的信中指出，他对金文的研究，支持傅的想法，就是"命"字在金文中并没有任何特殊的神秘指谓，而傅也指出，尽管儒家尤其是新儒家一直反对"生之谓性"，他发现在文献和铭文中，"性"总是作"生"，并没有任何道德伦理内涵，"命"与"令"的本意，并没有"归属"之意，而"人"字并没有广义的"人"的意思。至于很多古礼，则源于初民之图腾部落的仪式，但这些仪式后来在春秋时代被理想化了，比如《诗经》中的"有物有则"，其中的"物"字，可能是指性图腾，一旦这些被冠以圣人名义的伦理思想"去神秘化"，还其本来面目，也许更能让人看清其历史中的意义（参看第四章）。

　　这一关于性命古训的考证受到很多人的重视，像汋森书中就注意到，在《陈垣来往书信集》中收有陈垣给他儿子的信，信中陈垣曾说，读完《性命古训辨证》，才知道自己的学问落后了（126 页注）。

三

　　傅斯年曾经说，自己"不能离学术太远，也不能在学术里呆太久"，这也许是五四的历史记忆和中国的社会现实使然，汎森兄引用这句话指出傅斯年游离于学术与政治之间的困境，作为一个从五四运动中走出来的学者，傅斯年对于身边的政治和现实的中国，始终不能忘怀，这是使他最终走上政治道路的原因。此书的第五章《五四心态的负担》，就讨论了他为抗日战争而撰写《东北史纲》，也讨论了他心中深切的民族主义与现代反传统思潮的纠葛，也涉及民族危亡之中文化认同的需要，傅是一个积极进取的人，也是一个有社会关怀的人，他无法局限在纯粹的、学院的学术世界中。

　　确实，1942年傅斯年参政之后，"就再也没有发表过任何严肃的学术研究"，不过，他却参与了中国那一段现代政治的风云。他是政府弊病的批评者，也曾平息昆明学生骚乱，担任北京大学代理校长和台湾大学校长时，对汉奸或附逆者的严厉举措，都反映了这个被叫做"傅大炮"的学者高度的政治热情和严厉的政治伦理。汎森兄书中引用了很多资料，记录了傅斯年在学术研究之外的各个方面的身影。举一个有趣的例子，如书中记录1945年7月傅斯年与黄炎培等国民参政会代表访问延安，7月1日，傅斯年与毛泽东这两个五四时代崛起的弄潮儿，曾经在窑洞中彻夜长谈，傅斯年说，毛是宋江式的人物，是大反叛，如同刘邦、项羽一流，而自己只是小反，是陈胜、吴广之类，毛听这话便大喜，亲笔写了唐代章碣诗"刘项原来不读书"送给傅斯年。书中感叹道，"这两个五四青年选择了不同的道路，一个成为学者，另一个选择了作'不读书'的，这个分歧在三年后，当毛在其《丢掉幻想，准备斗争》里宣布傅斯年为战犯时，终于展现出来"（171页）。

不过，这并不意味着傅退出学术舞台。就我阅读的感受说，此书最精彩的，可能也是大部分傅斯年研究者未能问津的，是有关傅斯年与史语所、北大及台大的故事。人们尽可以批评傅在后半生太过旁骛，太入世参政，但是一个刚出道就和"五四"有着深刻联系的学者，恐怕很难仅仅躲在"象牙塔"中，在序言中，汎森兄就说到，他试图在两个较大的现代中国思想史背景中，讨论有关傅斯年的话题，一是把傅斯年放在五四运动偶像破坏（Cultural iconoclasm）的初期兴起与后来变化背景中论述，二是把傅斯年放在建设中国学术社会的成功与挫折中去观察（8页），在这一点上，傅斯年和陈寅恪毕竟不同。

四

最后要说到的是资料。前面提到汎森兄对傅斯年资料的收集和使用，使得这部书成为关于傅斯年的最有权威和最可信的传记。汎森兄不仅掌握傅斯年在史语所的各种档案，而且能够读到原来不曾公开的书信和笔记。比如，他曾通读上千封傅的来往书信，这对傅的生命史和交往录，才能有深切的了解；又比如，大量档案中从未有他与左翼史学家的往来书信，似乎也可以看出，他在历史学界提倡"史料即史学"的倾向，与左翼史学"强调历史要为现实服务"的差异；再比如，由于只有一封信中提到何炳松、只有两封提到钱穆，人们也可以看到他在学界立场上的远近亲疏。因此，读者切不可忽略大量的脚注，这恰恰是王书的一大特色，我真担心以后的中译本会将这些脚注删除或简化，实际上，这些脚注常常并不比正文逊色，有的脚注几乎就是一个小故事或者一个小考证，有时候也许还是一个重要的史料线索，或是一个重要的补充论证。

顺便再说一些感慨罢。傅斯年是一个眼光很高的人，他作为现代中国历史学的 Leader 和 Symbol，这使得那个时代的历史学界有一个标准，也因此成就了那个时代历史学界的进步。通常我们都相信，做学问讲究眼光（vision），做学问讲究功底，做学问还得讲究胸怀，傅斯年曾经评论张皋文说，他什么都是第一流，但都不是第一人。傅斯年眼光甚高，但更难得的是傅斯年既有高的眼光，又有厚的功底，还有大的胸怀。学术世界中，有的学者如剑侠，单打独斗可能是高手，可有的学者如领袖，仿佛韩信将兵多多益善，在中国现代学术界，前者能够数出不少，但后者却不多，傅斯年算得上是一个善于集众工作（collective work）的人。今天我们常常会提到傅斯年的《史语所工作旨趣》，提到他的名言"上穷碧落下黄泉，动手动脚找东西"，提到他的民族史学立场和关于"虏学"的议论，不过，如果说二十世纪上半叶中国历史学有什么可以数得上大进展的话，这些进展几乎都与傅相关，汎森此书《塑造新史学》一章中，以三个事例来证明傅斯年的远见卓识，即安阳考古发掘、收购明清大内档案，以及坚持历史学科的自主独立和专业化。正因为如此，他去世后，史语所同人给他的挽联中才写道，"廿二载远瞩高瞻，深谋远虑，学术方基，忍看一瞑；五百年名世奇才，闳中肆外，江山如此，痛切招魂"。

掩卷之余，唯一觉得可惜的是，汎森此书以英文写成，在剑桥出版，恐怕大陆学界一时难得阅读到。

Wang Fan-sen, *Fu Ssu-nien: A Life in Chinese History and Politics*, Cambridge University Press, 2000

（根据 2005—2009 年笔记整理而成）原刊《书城》
2010 年 4 期

社会与国家的文化诠释

以往治史，多以人物或事件为轴心来把握历史演进的经络，而对人物事件后的社会文化自身嬗变，关注不够。今日海外汉学中的社会史取向，则恰好反之，是力图将对历史过程的探究，根植于对地方文化社会变迁的了解之上，以期对来龙去脉（context）有一更深刻的把握。这一取向，筚路蓝缕者，为伦敦大学傅立曼（Maurice Freedman）的宗族说（lineage organization theory），斯坦福大学施坚雅（William Skinner）的市集体系说（market Systems theory），以及萧公权等的缙绅社会（gentry society）研究。而近年对这一取向做出新的拓展的，是近日付梓的《文化、权力与国家：1900—1942 年的华北乡村》一书（以下简作《文化》）。

《文化》一书为杜赞奇（Prasenjit Duara）所作。杜氏为印度人，留学哈佛，师从清代社会史名家孔复礼（Philip Kuhn），专事清末民初史研究。该书瘁其十年之心血而成。杜氏雄心勃勃，欲于书中构筑一庞大体系，兼容并蓄傅、施、萧三家，以廓清此时期华北乡村社会文化变迁的脉络。杜氏并引入欧洲史研究中的"国家"概念，以考释中国近代国家与社会的互动消长，为检讨近代中国历史提供了一个新的参照空间，颇值得注意。

《文化》一书旨在阐释近代中国的一大悖谬性历史现象，即以清末"新政"为发端的一系列"富国强兵"之举，其结果均适得其反。尽管这些以国家对社会渗透为主要手段的措施与近代欧日的"国家建设"（state building）过程极其类似，效果却大相径庭，貌似而神离。作者认为，原因在于华北政权向乡村社会的扩张渗透，实质上摧毁了地方社会的既有秩序，而同时又无法找出一套相应的整合手段，结果就使华北农村陷入一种所谓"国家滞变"（state involution）的窘境之中，导致这些政权赖以生存的农村社会组织解体。虽然国家政权从农村攫取财源的能力与日俱增，但控制农村社会稳定的能力则大大减弱，终致一发不可收拾。因此权力更迭频仍，直至国民党政府崩溃。

证明这一命题的关键，在确立华北乡村在"新政"之前已有一套可自身完善的既有秩序。杜氏于此处着墨甚多，他将这个既有秩序称为"权力之文化综"（cultural nexus of power），意即一组反映在价值观念、宗教信仰、地方组织上的行为规范。由于各种组织在这种格局之下相互作用，这种规范及组织格局便为地方政治的参与者们提供了实施权力的空间，同时也界定了行动的范围。在这一参照空间下，地方政治的参与者们——无论是祠庙、宗族、水利管理组织，抑或是国家政权的地方代理者——都共同分享着这些规范和价值观念。正是这一参照空间，即所谓的"权力之文化综"，赋予了参与者们，包括国家政权在内，在地方政治上的合法性。

西方汉学对传统中国乡村社会结构的研究，受施坚雅"市集体系说"影响颇深。这一学说强调乡村集市在乡民社会生活中的功能。施氏根据他早年在川西平原的考察以为，界定传统乡村社会的基本单位，非市集莫属。他以空间观念为出发点，将传统中国的社会结构勾勒为六角状的层级秩序，并以此衍申他对中国社会结构的理论。虽然"集市"的概念曾为研究华北农村的黄宗智所批评，但黄氏的自然村概念依然是以空间为出发点的。

杜氏对"市集体系说"提出新的挑战。他认为界定这一既有秩序的基本单位应是文化现象而非空间现象。乡民的社会互动，农村的社会组织、宗教活动乃至婚丧嫁娶，其地理范围虽相互重叠，但绝非完全一致。如华北地区嫁娶的地理范围，常常超越集市界限；而水利组织辄横跨数乡。因此，杜氏认为：只有乡民共同分享的价值观念，共同参与的社会组织，以及共同遵循的行为规范，才能作为界定地方政治社会结构的基本单位。这样一来，其"权力之文化综"就显得比施氏的"市集体系"来得贴切了。

杜氏在论述"权力之文化综"的概念时，对宗教和宗族组织有值得注意的新见。一般研究宗族的传统，以傅立曼的社会人类学为发端。傅氏取东南沿海地区宗族资料为证，强调宗族组织在地方村社政治中的作用。而东南沿海的宗族组织，多为大族，以其族产、宗祠及血缘网络为支点，非但决定地方社会升迁的渠道，提供社会保障的功能，且成为地方政治的认同对象，雄踞村社政治舞台。而传统的看法认为：与南方这种支配性宗族（dominant lineage）形成鲜明对照的，是宗族在华北的微弱功能，有人甚至认为宗族组织在华北乡村中的角色微不足道。杜氏根据对南满铁路在直隶、山东的调查资料的分析，指出宗族在华北乡村中依然举足轻重。宗族、宗教组织与水利管理组织并驾齐驱，成为地方政治最为活跃和最为直接的体现。他说："在那些宗族同村社管理相互吻合的村子里，村社之政治和权力完全操于以各宗族之代表组成的理事会之手，而宗祠则为地方精英们表现其领袖欲望和履行社会职责提供了一方天地。"

《文化》一书中最具洞见之处，在于讨论国家与社会关系的部分。此前凡论及国家与社会的消长，论者均庇荫于"缙绅论"的大树之下。"缙绅论"主张突出"缙绅"（gentry）在国家与社会间的中介或价值传递作用。由于缙绅在地方政治中的显赫地位，其上传与下达实质上保证了国家政权在乡民眼中的合法性。但《文化》一书对此论不以为然。杜氏觉得该论不能自圆其说的关键，在于它奠基于一个不甚牢实的假说之上，即缙绅本身是一个完整的，同时又与其他阶层泾渭分明的团体。

与缙绅论者不同，杜氏将自己对国家与社会的分析着眼于两者间实质的联系，即国家政权如何从地方攫取财源之上。从有限的南满资料中，他辨识出两种不同形式的中介：豪夺型掮客（entrepreneurial brokerage）和保护型掮客（protective brokerage），前者包括衙门跑腿、"社书"、"里书"、"保正"和"地方"，以包揽税收为生。由于他们没有正式的薪资，其收入多基于"陋规"（customary fees），因此上下其手，鱼肉乡民。而后者多为地方自行举荐，如"协图""义图""半牌"，实为对抗豪夺型掮客所设，以冀保护本乡本地之利益，防止豪夺型掮客从中渔利。

"新政"以来的所谓"现代化"举措，以国家向地方社会渗透为手段，以达成稳定财源的目的。但是地方政府机构的设立，如乡区政府、国民党政府时期的乡镇闾邻制，乃至日据时代的大乡制，无不增大地方政府对财源的依赖，而导致对豪夺型掮客的倚重。与此同时，如设置警察、保甲等官僚体制化（bureaucratization）又大大削弱了民间团体的功能。兴办实业和教育又多以毁祠堂建学校为捷径，也使民间宗教组织的功能丧失殆尽。

杜氏对新政以来的"摊款"详加剖析，突出它对地方文化社会组织解体所起的催化作用。新政以来的国家建设（state building），或可以说是一个现代化的过程，欧日诸国于此受益良多。但在近代中国，这一过程所连带的官僚体制化过程，却与地方政府支出膨胀互为表里。因此，"摊款"这一不定期且非正式的税收，逐渐演变为政府的主要收入来源。这种变相的税收使得保护性掮客力不能支，而豪夺型掮客乘虚而入。由于保护性掮客原为

"文化综"重要的有机部分，它的崩溃就导致了整个文化综的瓦解。杜氏称这一悖谬性发展为"国家滞变"（state involution），即一个社会迟迟不能转型的过程。

《文化》一书有几个特点，第一，该书大量使用社会学、政治学和人类学的理论。杜氏对于这些相关学科的新近发展，均能把握与消化，运用得体，有时且有独到之处。第二，杜氏能从一个斑驳陆离的乡村社会中，梳理出几条重要的线索，自如地游刃于朝廷国家与野鄙村社之间，上下求索，使国家与社会的主题凸显而不觉牵强。第三，杜氏《文化》一书的理论建树，虽奠基于前人的学术发现之上，却并不拘泥于前人的理论，而且将理论与过去的发现沟通并详加比较，有承上启下的功效。第四，杜氏取材很有特色。他主要运用南满铁路的调查资料，但也亲访了一些村寨，更与当时参与调查整理"满铁"资料的日本学者详加讨论，并多方参考了其他中文资料。满铁资料曾为马若孟（Ramon Myers）和黄宗智（Philip Huang）采用，均有成效。而杜氏以新的角度重新审视这些资料，能从"冷饭"中炒出一盘全新的佳肴，其功底可见一斑。

杜赞奇本是一个历史学者，由于大量运用社会科学的理论，其书的史学方面反觉薄弱。杜氏对历史时期的编年顺序处理较为模糊，对时代变迁也甚少触及。似乎其笔下四十三年的事件并无时间上的序列。从社会科学的角度看，清廷、北洋军阀、国民党政府及日伪政权均可装入"政权"这一个概念；从历史学的角度看，其间的变化却不可略而不提。另外，他全书所基的材料，仅仅是直隶、山东的六个村庄，以此而推出华北乡村的全貌，无怪乎易劳逸（Lloyd Eastman）戏称其"理论之探险叫人胆战心惊"。

杜氏的书从一新的角度观察近代华北农村，在某种程度上可以说是"科学地"研究社会和文化现象的一次新努力。但是社会和文化的结构和功能是那样复杂，实际上甚难进行"科学的"总结归纳。西方学术界对于历史学到底属于社会科学还是属于人文科学这一根本问题至今争论不休。多学科研究恰能有补于两者间的分歧。杜氏此书的贡献与不足，似都宜在这一大框架中去认识。

Prasenjit Duara, *Culture, Power, and the State*:
Rural North China, 1990–1942, Stanford: Stanford
University Press, 1988

原刊《读书》1992 年 3 期

市场经济与乡村发展的新诠释

　　曾以《华北农民经济与社会变迁》一书荣膺列文森奖的黄宗智教授，前年又发表新作《长江三角洲的农民家庭与乡村发展，1350—1988》（以下简作《长江》），结果招惹出一场黄氏与胡佛研究所资深研究员马若孟（Ramon H. Myers）之间的笔墨官司。黄马二位均为美国研究中国社会经济史的一流人物，而由此书引起的争论，又集中于聚讼纷纭的有关明清以来中国社会经济发展的问题，颇值得注意。据田居俭的统计，截至 1985 年止，国内学者有关这一题目的论文已达 565 篇之多，黄宗智本人即视此论题为史学界的一大典范（paradigm）。黄氏的《长江》一书，就是直接面对这一重大问题的新尝试。

　　国内的中国社会经济史研究，多受斯大林"五种社会经济形态"说的影响，认为秦汉以来的中国封建社会，发展到明清，其自身已孕育着资本主义发展的萌芽。如果没有列强的入侵，中国也将和西欧一样，自发地依靠自身的力量进入资本主义社会。为证明这一论断，学者们主要针对明清国内统一市场的形成、封建生产关系的松动以及生产力在明清已有长足的发展等方面，搜集了丰富的资料，并进行了大量的论证。

在太平洋的另一端，美国学者也不满于早期视中国为一成不变的"静态"（static）观，对明清至民国这一时期的社会经济变迁进行了众多的研究。他们主要关注城市的行会组织的形成与演变，农村雇佣及租佃关系的变动，并对极有限的定量资料做了细谨的考察。

经过一代学人的努力，现在已经很少再有人视明清为秦汉以来"封建"社会一成不变的翻版了。专业性农作区的出现，经济作物种植的日趋普遍，摩肩接踵的农村集市，以及连船接辇的跨地区贸易，均显示出明清两代商品经济的空前活跃。但是，在长足的农业商品化发展的五个世纪中，以维持生计为主的农业生产（subsistence agriculture）却在这空前活跃的商品经济面前依然故我。帕金斯（Dweight Perkins）的研究表明，几个世纪来的农业生产发展，仅仅能维持与人口迅速增长齐头并进的步履。而何炳棣以及伊懋可（Mark Elvin）的研究，甚至认为农业发展落后于人口的成长。无论如何，这种高度商品化与停滞的农业发展的共存，或是我们过去称为"封建社会长期延续"的现象，是一个富有挑战性的论题。

中西学者在研究手段、材料取舍、理论架构和研究目的等方面都颇有差异，但是也有着惊人的相似之处。中国学者对资本主义萌芽的讨论基本上是从马克思对西欧资本主义起源的历史概述中引申出来的；而西方的研究大体可溯源至亚当·斯密的有关商品经济理论及由其一脉传承的经典理论学派。因此，无论是资本主义萌芽的讨论还是西方对中华晚期帝国的研究，它们的基本预设（basic assumptions）都不约而同地属于斯密与马克思由西欧经济发展归纳出来的经典模型，认为商品化程度的提高必然导致农业资本主义的发展。然而，这一基本预设却难以解释明清以来高度商品化与凝滞的农业共存的现象。

早在二十世纪初，俄国的经济学家恰亚诺夫（A. V. Chayanov）就曾对农民经济做过细致的分析。与斯密和马克思的经典理论不同，恰亚诺夫认为：即使是在市场经济（本文以下凡用"市场经济"，均指现代资本主义市场经济）的背景下，农民的行为依然有别于资本主义的农场主。这些行为有其自身的规律，并不依从市场经济的逻辑运作。恰亚诺夫的农民经济理论虽不见容于斯大林时代，却颇得人类学者的钟爱。其理论后来为一些著名西方学人如波兰尼（Karl Polanyi）、斯各特（James Scott）继承光大，发展成研究农民经济行为的主要流派之一。除此以外，许多专事汉学研究的学者也曾从不同角度对中国农民经济做过有益的探索。例如何炳棣就曾从人口的变动方面着手，探讨过明清社会的停滞。国内的傅衣凌也曾用所谓"早熟而不成熟"的中国传统社会特征解释这一看似悖谬的历史现象。伊懋可更以其"高水平均衡陷阱"的理论而饮誉学界。而黄宗智的新作，可以说是在他的华北研究的基础上，为廓清此期的经济理路所做的进一步尝试。该书共分两大部分，以 1949 年为界，此文只讨论其对 1949 年以前的研究。

根据斯密和马克思的经典理论，农业商品化程度的提高将不可避免地导致农业家庭化生产方式的萎缩，代之而起的将是以雇工农作为主要形式的企业化农业生产。但是，黄宗智在江南的研究却表明：在明清时代的长江三角洲地区，家庭化生产非但未因商品化程度的提高而式微，反因此而强化。棉产与丝作的商品化所造成的对劳力的新需求，多由农户家内的妇孺老年等辅助劳力（auxiliary labor）所填补，并未刺激雇佣劳动的发展。虽然这一现象因家庭贫富和地区不同呈现程度上的差异，但长江三角洲总的趋势是所谓"农业生产家庭化"，而不是经典模型预示的"农业生产企业化"。

长江三角洲一带的"经营型农业"（managerial agriculture）也并没有因农业商品化程度的提高而勃兴。明代已有的"经营型农业"随商品化程度的提高反而日趋衰亡。所谓"经营型农业"，实质上指的是雇工农作的生产方式，大体以雇佣三人以上为限。这一现象在很大程度上与恰业诺夫的理论不谋而合。恰氏认为：以市场经济的规律去硬套农民的经济行为是徒劳的，因为农民至少在以下两点上与资本主义农场主不同：一、他们多依靠家庭内的劳力而非雇佣劳动；二、其生产主要为维持家庭生计而非追求利润。在边际效益低于所付工资时，按市场规律操作的资本主义农场主将会停止无谓的投入；而维持生计的农户则不然，即使这种情况已经意味着负收益，他们将继续这种投入，直至生计得以保障为止。因此，动用妇孺老年等辅助劳力，或增加自身之劳动强度（恰氏称为"自我剥削"，self-exploitation）成为一种最佳选择。这种在市场经济理论看来是非理性的行为（irrational behavior），在农民眼中看来反恰如其分。这也就是为什么江南地区的家庭式农作兴盛、经营型农业衰亡的原因。

黄宗智以为，农民们之所以动用辅助劳动或增加自身劳动强度而不诉诸雇工农作，还可能因为农户们本没有边际效益的概念；或拥有多余的劳力但又没有就业的出路，因此也无"机会成本"；也可能是为自己家庭劳作的激励效应。黄氏的研究表明，即使在华北地区，商品化也并不必然导致经营型农业的发展。同为华北的村庄，有的可能因劳力和租金的价格低廉而发展出经营型农业，另一些则可能因租赁土地肥水更多而此制不兴。因此，商品化与雇佣劳动的关系乃是以第三者为依归的。

黄氏讨论商品化与农业滞变（agricultural involution）关系的一章为他与马若孟争论的焦点。黄宗智在此努力将商品化与质变性发展（transformation development）的关系分离开来。首先他在概念上将农业变迁分为集约化、发展和滞变三种主要形态。集约化（intensification）指的是产出与劳动投入比肩共进；发展（development）指的是产出的成果高于也快于劳动的投入，故每个工作日的边际效益得以增长；滞变（involution）则指的是产出在边际效益递减的情况下增长，也就是说：虽然产出在总量上增加，但人均劳动日的回收却在下降。长江三角洲的情况即如此，虽然农户年收入在总量上有所增长，但人均劳动日的回收率则呈递减态势。因此它是一种"没有发展的成长"（growth without development），也就是黄氏所谓的滞变（involution）。

过去大陆与台湾的学者如樊树志、李伯重和刘石吉的研究，多以专业性农作物生产区域的出现、经济作物栽培的普及，以及由单一稻作向混成经济转化等现象作为农业发展的佐证。黄宗智则认为虽然总的家庭收入会因此而增长，但这并不意味着人均劳动日的效益在增长。在人多地少的江南，这种混成农作可以看作是人口压力下以适应农地缩小的维持生计之手段。棉产、丝作多为辅助劳力所为，依然只是维持家计的辅助收入。这种稻作与经济作物的相互依存反而强化了农工不分的"男耕女织"的典型家庭化生产的结构。

值得注意的是，黄宗智推断出来的滞变与最近的几个研究颇不相同。例如罗斯基（Thomas G. Rawski）1989 年的 *Economic Growth in Prewar China* 和白若文（Loren Brandt）同年的 *Commercialization and Agricultural Development in East-Central China, 1870-1937*，都基于总量成长的概念，即产出总量与人口成长之比，认为此期的中国不仅已出现了一场商业化革命，而且在市场整合方面也出现了新的格局。更重要的是，他们认为新形式的劳动分工与空前活跃的商品交易的确带来了日渐增长的总量劳动效益。因此，由此演绎出来的推论则是：十六世纪以来的中国社会，其农业发展已逼近罗斯托所谓的"经济起飞"阶段，如果没有战争，中国也会自然而然地进入资本主义社会。

当然，劳动总量效益在概念上与人均劳动日回收率是全然不同的。所以，无论是在推论上或是在比较上都会出现很多技术性的困难。但是，何以双方之推论会天差地别？这是否仍是一个仁者见仁、智者见智的问题呢？马若孟对黄氏及罗、白二君研究的评论，正有益于澄清概念上的差别。双方的争论也无疑对推动对这一问题的研究有重要功用。唯其争论似渐演化为具有政治意味的攻讦，则恐怕未必是黄马二位的初衷吧？

黄氏接着围绕商品化与资本主义发展并无必然联系这一主题，着重剖析了农民与市场的关系问题。他的分析主要从农民从事商品交换是出于何种动机及当时的市场是在什么原则下运作这两方面着眼。黄氏将农民从事商品交换的动机大体划为三类：一是所谓以"抽取"（extraction）为背景的交易，主要是为向不向地主（absentee landlord）交租或对政府完纳为目的。二是为解决生产与生活上燃眉之需的交易。三是在前二类得以满足之后为赚取盈余的交易。黄氏指出，在其华北研究中发现，由于北方租佃关系不发达，农产品之交易多属后两类。而在租佃关系高度发展的江南，第一类为主要形式，而第三类为数甚微。

黄氏以为：商品交换是在什么原则下进行比商品交换

本身更重要。他分别对江南的土地、小商品、信用，以及劳务等各种市场进行考察，发现这些农村市场也还是以维持生计和交租完纳为主。他并且注意到农村市场交易多为农村向市镇的单向商品流动，而甚少城乡双向的流动。例如信用市场，多为互助性质，大多是向亲戚朋友邻里街坊的借贷。向当铺、高利贷者或钱庄银号的支借多为生计所迫而鲜有生产投资者。黄氏称其为统治信用市场的"互助原则"。虽然长江三角洲短期劳务市场已很接近充分竞争的状态，但长期劳务市场则仍在"社会关系网络原则"下运作。小商品市场更只是为满足日用之需。加之"地权不可分割原则"仍牢牢把持着土地市场。这样"高水平"的商品化完全可以与凝滞的经济共存，却与积累和发展无缘。

如何看待西方列强对中国近代经济的影响一直是一个争执不休且常常情绪化的问题。西方学者对帝国主义的影响存有几种看法，较多的人主张要具体地分析列强叩关后对不同地区与行业的不同影响。其中较为突出的为双重经济说（theory of dual economy），即认为列强入侵加速了沿海与都市地区的经济发展，但对农村及腹地影响不大。结果是高度发展的资本主义都市化进程伴随着步履维艰的、凝滞的农村经济。黄宗智认为双重经济说在分类描述上有其积极意义和功用，但不同意其对农村经济影响的解说。他以为，列强叩关对农村地区同样也产生了深刻的影响。事实上，列强入侵之影响不是一个可以用"是"或"否"作答的问题。帝国主义经济势力的入侵，在江南地区塑造了一个和以往迥然不同的经济体系。在这一新体系中，都市的发展与农村的停滞环环相扣。上海、无锡、南通等现代化都市的崛起，环绕它们的新兴市镇与农户生活水平的原地踏步，同进一步恶化的劳动收益比率相辅相成。江南的农民经济亦无处不烙上列强侵扰的印记。

也就是说，在人多地少的江南，廉价劳动力生产的原料成为都市中间商人的攫取对象。这种单向的攫取，非但没有像经典理论预示的那样带动农村发展。反而强化了农村"男耕女织"的家庭化农作，使农村进一步陷入滞变之泥沼之中。而大量的廉价农村劳力，不但没有成为农业资本主义经营方式的源流，反而成为都市发展的乡村基础。

按照亚当·斯密和马克思对西欧的研究，商品经济的活跃将导致自然村社的解体。但是黄氏的研究表明，商品化程度的提高并未对江南村社的解体起到催化作用。华北地权的频繁易手与江南地权的相对稳定皆为自然生态使然，但前者造成乡村内部分化，后者反增强了村社组织对商品化冲击的抵抗力。同时，土地所有制与国家对地方的干预程度的不同是造成江南强血缘组织和弱地缘组织的主因。黄氏在对村社组织研究的一章中对采用人类学田野调查的方法进行了努力的尝试，他不仅强调灌溉体系、租佃关系，同时也突出了生态环境对微观社会政治组织的影响。虽然他努力模仿人类学家帕斯特纳克对台湾两个生态环境不同村庄的比较研究，但他对华北沙井村与江南华阳桥村的比较显得不如其他章节那么得心应手。

黄氏之书取材较广博，包括南满铁路的调查资料，明清地方志及笔记札记及《沈氏农书》，顾炎武、包世臣的记述中有关江南的农史资料。此外并辅以黄氏本人的田野调查和口述史资料。特别是黄氏颇注重参照如吴承明、徐新吾、李伯重等人的成果，这是美国汉学界近年来渐有的新气象。

黄氏一反过去西人多将江苏省的统计资料一并视之的旧习，将其分为江南江北两部分，以凸显人口稀疏而地理生态酷似华北的苏北同人多地少的苏南的不同。此一区分颇具匠心。另外，黄氏在考察江南地区发展的同时常常插入与华北研究的比较，这样既可辨别二者的异同，还更能突出江南的特色。

不过《长江》一书亦不无可商榷之处。黄氏对经营型农业衰亡的立论，似乎缺少坚强的证据。其对明代雇工经营的农业之普遍程度的推测，只是建立在几条方志上的描述性史料上，并未形成可依靠的数据。但据南满铁路之调查资料及费孝通的江村调查，他推算出三十年代雇工经营之农户仅为 3.8%；在明代和前清均无可靠数据的情况下作此比较，颇觉牵强，亦无从断定这样的衰落是在明清之间而不是在其他时期。而且，黄氏对江南人均劳动日效益的立论，亦多是根据二手材料。这个大判断是黄书的主线之一，许多论证是在此基础上做出的。如果这个判断失据，全书将大为减色。

其次，黄氏将苏南苏北的统计分而观之的根据，是人口密度在这两个地区有显著差别。以人口密度高低为划分标准，实际上等于设定人口密度是雇佣劳动的解释变量（explanatory variable）。但是这个设定的关系，在无法排除其他因素的情况下，很可能只是一种虚拟的相关（spurious association）。因此，这至多是一个有待证明的假定。

第三，黄氏将一田多主制归因于土地之肥瘠与否，似未必妥。他认为江南土地肥沃，产出可作多层的分割后仍有利可图，故一田可有二主以至多主。而华北土地贫瘠，交租后所剩无多，故此制不兴。但闽北土地向称贫瘠，何故此制颇盛？台湾土地不见得肥沃，亦存此制。可见此说难立。最后，黄氏对农民与市场的观察，若仔细推敲，逻辑上似还欠妥。黄书第六章专论江南农村市场之不完善，故农民多在非市场原则下运作。假使此论成立，那么有人如果将黄氏的农业滞变归因于商品化与市场的不完善，并进一步推论说：一旦市场完善，江南农业将会是"有效益的发展"，则黄氏的论证恰能支持经典理论模型。

这样看，长江三角洲农业经济之演化与经典市场驱动经济模型的抵牾，还需进一步探讨。黄宗智已在这里先行一步了。不过黄氏的意图尚不止此。在最近的一篇文章里，黄氏表明他已认识到明清以来中国社会经济史的研究已出现"典范危机"（paradigm at crisis）。根据库恩的典范理论，危机即典范转换的先兆，则黄氏似乎有创立一新典范的大抱负。《长江》一书是否已接近这一高度，或仅是黄氏向此方向努力的开始，则尚待时间的证明。

Philip C.C. Huang, *The Peasant Family and Rural Development in the Yangzi Delta, 1350–1988*, Stanford, CA: Stanford University Press, 1990

原刊《读书》1992 年 9 期

魏安德的中国工厂研究

　　西潮东渐以来，尊西崇洋逐渐蔚为风气。到二十世纪初已形成"尊西人若帝天，视西籍如神圣"（邓实语）的现象。在此风气熏染之下，欧美洋理论一直对国人有很强的吸引力。各种文章著作竞相套用五花八门的西方理论，而很少加以甄别。若仔细观察，导论之类的西方初级教材，似乎比真正的理论专书更有影响。不仅如此，甚至有的标榜是走乾嘉之路、以考据为宗旨的上古文史研究，其注释中大量引以为据的也多是各种新老西方教材的译本。这些译本有的恰好将原意译错，可能正好可以符合作者"考据"的需要。更偶有真搞考据的老学者，童心未泯，将这种"考据"誉为"为学术立一新方向"。

　　有趣的是，西人对中国文化、历史、社会的具体研究，却未受到同样的青睐。当然，西方人研究洋东西大概更得心应手，而研究中国则不免出些文字史实的错误，似乎不那么让人佩服。但学术研究的一个基本要求就是同行的交流。在某种程度上说，在今日各个题目的研究都有一定数量的论著之时，不看别人的研究而自己闭门造车，常常会事倍功半。近年来有识之士已在陆续刊行海外中国研究，但数量十分有限，其中社会学著作尤为少见。

加州大学出版社 1986 年出版的魏安德（Andrew G. Walder）的中国工厂研究，曾连续获全美社会学会的"杰出贡献奖"和全美亚洲学会的"列文森奖"，颇轰动一时。但它似乎未引起我们足够的重视。魏氏对中国工厂的研究属于西方"工业关系"（industrial relations）这门学科，其主要关心的是劳资双方的关系问题。而社会学者在研究劳资互动中，更注意权力关系的问题，也就是谁相对谁来说更有权力，以及这些权力是如何取得和如何行使的问题。而魏氏的研究又与过去的"群体论"（group theory）和"独裁论"（totalitarianism）不同，所关注的是"实际存在的社会关系"及其对人们日常生活和行为的影响。具体地说，魏氏首先关注的，是在计划体制下的中国工厂究竟是一个经济组织还是一个社会政治组织的问题。

一般说来，在市场经济体制下，工厂的生存与否完全取决于其效益如何。劳动力作为马克思所说的可变资本，其成本的最小化是工厂管理的重要因素。劳动力不仅是一个可以与工厂分离的生产要素，其雇佣也依工厂对生产的需求的涨落而起伏。工厂作为一个经济组织，雇佣关系首先是一个市场关系。因此，劳动力的价格——工资——和雇佣条件，多为劳资双方正式讨价还价的结果。

然而魏安德所见的计划体制下的中国，工厂的存亡继绝与其效益好坏甚少关联，而更多地取决于其在计划体系中的地位。劳动力作为"不变资本",其价格全由计划决定。劳动力与企业既不被视为可分的实体,劳动力的成本也与工厂效益无关。因此,计划体制下的工厂可以不必考虑如何有效地运用劳力。相反,为了避免将来可能缺员的危险,中国工厂的管理者趋向于大量积存多余的劳力,就像他们积存其他固定生产要素(如原材料、零部件)一样。这两种经济体制在经济逻辑上的根本歧异,对于各自的劳资关系有着深刻的影响。

魏安德以为,中国工厂不但是一个经济组织,而且更是一个社会组织。在计划体制下,雇佣或就业本身就带有社会福利的色彩。同时工厂还要提供许多市场体制下只由市场、社会福利机构或政府部门才提供的物资与服务:如住房、幼儿园、食堂、医务所等。由于"国营"、"集体"、"个体"的区分本身就带有与其名分相符的福利与工资条件。中国工厂实际上成为社会分层(social stratification)的重要工具。就业单位之好坏可以与工资级别同样重要。"正式工""合同工"或"临时工"的名分不同,也限定了相应的升迁轨迹。

计划体制下的工厂,还发挥着诸多市场体制下老板无须关顾的政治功能。工厂与其他"单位"一样,起着政府和基层组织的功能。单位大则可以对外代表其职工,干预公安司法;小则各种身份证明,包括旅行证明的签发,都离不开单位。

这些组织特质塑造了一整套与市场关系迥然不同的权

力关系，在经济、政治以及个人生活方面，对工人都产生了深远的影响。工厂正是中国工人的政治与社会名分所系之处。其突出的表现形式就是工人对单位的经济依附，对组织的政治依附，和对车间工段领导的人身依附。这种依附关系成为魏氏的权力理论的中心概念，也是他借以推演整个理论的基石。

魏安德以为，经济依附程度之高低，可由两个指标来衡量。第一，工人的基本生活需要，在多大程度上须由其就业单位来提供；第二，这些基本需要，有多少可从单位以外的渠道（如市场）获得满足。依附程度的高低与前者成正比，而与后者成反比。也就是说，愈多的物资或服务必须由就业单位提供，即意味着这些物资与服务愈难在单位以外求得，工人对单位的依附程度就愈高。在中国，工人不仅依赖单位分配住房，提供医疗、保育、食堂，而且还常常通过单位获得便宜或紧俏的物资。在某种程度上说，工厂起着家庭的功能，所以常有"爱厂如家"或"以厂为家"的说法。但工厂毕竟不是家，厂领导也不是家长，故从魏氏的角度看，工人与组织的关系即是一种经济依附关系。

工厂组织浓厚的政治色彩，构筑了一套相当稳定的赏罚陟黜的渠道，将工人的荣辱沉浮牢固地置于一定的掌握之中。工人的升降进退，较少基于其工作的好坏。在动员工人投身建设的同时，工厂将那些原属于无产阶级先锋队员的行为与思想准则，沿用到普通工人身上。

由于许多非经济的特权操于车间或工段领导之手，魏氏认为工人们在很大程度上对他们形成一种人身的依附关系。基层领导之好恶取舍，常常影响到工人的个人生活。中国工厂中的车间工段领导，与其西方同级人员相比，操有更多的权力，更像西方早期的"合同工头"（contract foreman）。由于他们在日常生活中操有权柄，使其"中介"作用大大提高。工人与他们的亲疏远近，往往决定他们对工人升等、提拔、转正定级的考核和推荐。更重要的是，由于工人既没有正常管道宣泄，也没有辞职另就的途径，在丧失赫胥（Hirsch）所说的宣泄（voice）和另就（exit）两种表达不满的方式时，对这些基层干部的依附，也就较其他国家更深一层了。

这种在经济、政治以及人身方面对单位的依附，派生出许多中国工厂在制度文化（institutional culture）方面与众不同的特征。其中魏氏着墨较多者是他所说的"恩属"关系（patron-clientelism）。有的领导可以通过对一些人在升迁利禄上的优惠，建立起一套稳定的"恩主"（patron）与"属客"的关系。所谓"突击提干""以工代干"等擢升方式，均可从这一角度考察。这种组织对"骨干""先进"或"落后"的亲疏远近，并不是任人"唯亲"或"唯贤"这种简单的两分法可以概括的，魏氏将其称为"有原则的特殊恩宠"（principled particularism）。这种权力关系多以属客对恩主的效忠为纽带，从而换取恩主对属客"有原则的特殊对待"。其所以有原则，是因为它并不等于私人关系；其所以特殊，是因为奖惩陟黜不基于工作绩效，而基于对组织的效忠。魏氏强调说，这种既带有私相授受情感成分又含有层级组织成分的恩属制，有规律地施惠于某一部分人，以至于塑造了一套纵向的效忠网络，从而也导致了工人中的疏离和分野。

在讨论"有原则的特殊恩宠"时，魏安德对"表现"一词极为关注。他指出：由于该词在语意上的含混，使得基层领导得以随意评估工人，同时也使工作考核失去客观的依据。虽然"有原则的特殊恩宠"在某种程度上可以激励工人的服从与纪律，但其结果有时也会适得其反。魏安德根据对一百多位职工的访问资料，总结出三类可能的对应方式：即"算计式取径"（calculative orientation）、"积极竞争式取径"（active-competitive orientation）和"消极抵御式取径"（passive-defensive orientation）。虽然有不少工人脚踏实地以图进取，但亦有人委身求荣，阿谀逢迎。

过去西方学者研究中国工厂多强调"意识形态"和"群众运动"等方面，魏安德则更强调结构性的一面。他指出：在从革命成功到组织建设的过渡期间，空洞的口号和动员群众的艺术变得愈来愈不重要。工厂是要出产品的。复杂的工厂管理也不可能靠"突击队"或"大干多少天"来长久地维持。纪律、服从和效忠渐渐显得举足轻重，而"有原则的特殊恩宠"便逐渐取"群众运动"而代之，并成为权力结构的有机成分。

与其他许多研究不同，魏氏的研究从比较社会学入手，以跨国比较见长。他在讨论中国工厂时不断插入苏联、日本和美国的工厂的实例加以比较。魏氏以苏联（欧洲文化、计划体制）与中国的相似性来加强其结构层面的解释能力；同时又以日本（儒家文化、市场体制）与中国的相异来否定文化层面的解释。他将中国的基层领导与西方早期的"合同工头"（contract foreman）进行的比较，体现了他对西方工业史的深刻把握。

虽然魏安德强调计划体制国家权力关系在总体结构上的相似，但他并没有忽视它们在具体现象上的差别。由于中国特有的人口压力，中国工厂权力关系呈现出一套特有的布局：在中国，工作的转换较苏联东欧困难得多；而且，中国的国营、集体的身份差别也远较这些国家明显。由于八十年代以前的物资供给缺乏，中国发展出一套独特的消费品与票证的分发配给制度。马丁·怀特（Martin Whyte）研究的中国工厂，将"班组"学习讨论制度作为车间组织的延伸，充当了工人对组织依附的中介。魏氏认为，所有这些都强化了中国的权力依附程度。

魏书最有创新之处，乃是强调对中国社会进行结构的而非文化的诠释。这一取向在魏安德还是学生时即已开始强调。他在密西根大学读书时已发表文章，详细论述在实行计划体制的国家中，工人阶级本身及其依附性是工业化高潮或"工业化驱动"（industrialization drive）的产物。在此书中，魏氏进一步发挥这个关于革命成功后迅速工业化的相关论题，即工业政策和人事制度造成前述中国工人的特征。魏氏特别使用对 1949 年以前天津上海等工厂的研究，来证明许多现象正是实行计划体制才产生的。简言之，魏安德强调社会结构的作用，而认为文化和传统的作用至少在中国工厂研究方面影响不大。

但正是这一点引起了争议。一些学者认为魏氏强调结构和制度的作用太过，文化和传统的影响不容忽视。1949 年以前的上海天津是通商口岸，受西方影响较大，所以与 1949 年以后的工厂可以有很大的不同。另一方面，有人认为对结构制度的过分强调使魏氏忽略了工人的能动作用，也忽视了"利益团体"（interest group）之间的互动关系。前述魏氏所指的工人对制度的几种回应方式，如隐蔽的抵制和主动的进取，并非完全为结构制度所控制。如是，则魏氏所讨论的工厂权力关系至少未能涵盖全部。

实际上，中国工厂企业的许多超经济职能，在其他的商业或"事业"单位也屡见不鲜，农村也有过"以社为家""爱社如家"的口号。这些实际上也适用于结构性的分析，但却不宜说成是"快速工业化"的产物。同样，日本的工厂制度和中国极不相同，但在视厂如"家"这一点上，至少在心态上很为接近，而疏离于同样是市场经济的西方。中国儒家理想型的大家庭早在西潮入侵之前就已破败，周作人早就指出，会党的兴起实即家庭制度崩坏的结果，盖会党在许多方面即起着一个大"家"的社会功用。但在制度破败的同时，理想却还在，还没有变。中日均有以厂（或公司、或单位）为家的提法，正是这一理想的余荫。这样看来，从结构的角度去考察，仍能得出文化影响的结论，两者未必非相互抵牾不可。

反过来，过去我们说到依附，马上联想到"封建"，更容易附会中国历史上的食客、部曲或家臣之类的"封建人身依附"。实际上中国自己的"封建"更多是政治的而非经济的和社会的，本无多少依附。倒是西方的封建，包括马克思所说的封建，才最强调依附。盖以服役（特别是兵役）而换取土地和庇护正是西方封建制的基本要素。魏安德所讨论的"恩属制"确实看不出多少中国传统的影响和文化的积淀，反倒更像西方的封建制度。

说到底，我们今日所说的市场经济也好，计划经济也好，都不是我们自己的祖传，而是从那更广义的"西方"舶来的。因此，1949 年以前上海天津等口岸工厂与 1949 年以后计划体制下的工厂的不同，其实也可说是这一部分"西方"与那一部分"西方"的不同。熊彼得和章太炎都说过，帝国主义的侵略行为不过是中古封建时期尚武好战精神的延续。"封建"对西方的"文化积淀"作用，看来还需要进一步探讨。魏安德的研究确实证明计划体制下的中国工厂的制度和结构没有多少中国传统和文化的积淀，但对西方"文化积淀"的理解，却不无启发。

魏书的主要资料来源，仅是对香港百多位大陆移民的采访记录。这样的"小口子进，大口子出"，终使人对其材料的代表性和全书的涵盖面不免有些疑问。更重要的是，近些年中国经济改革步伐甚快，魏书出版时，中国大陆的工厂体制已非其研究时的面目。最近的进一步市场化，更大大改变了工厂的结构。对此魏安德是很清楚的。据说他在最近的演讲中，强调他的研究已经"过时"。希望不久即能看到魏氏的新作品。

Andrew G. Walder, *Communist New-traditionalism Work and Authority in Chinese Industry*, Berkeley, CA: University of California Press, 1986

原刊《读书》1993 年 4 期

形象与文化：换个视角看中国

　　苏东坡的"不识庐山真面目，只缘身在此山中"是广为传诵的名句。少时读诗，读到这一句时也是十分佩服的。后来有机会读到费正清的《美国与中国》的中译本，即很感觉其在山外看山，确有许多我们这些"山中人"所不易见到的"真面目"。再后来读书稍多，又渐渐觉得洋人的山外看山，到底如雾里看花，多少总隔着点什么。因此对苏东坡的佩服也略减，觉得我们中国的事情，还是要我们自己才看得清楚。更后来有机会也到山外看山，同时也读到更多洋人看中国的著作，才知道费正清的书在彼邦已不十分为人所重。费氏的许多徒子徒孙，对其师尊颇有"小子鸣鼓而攻之"的造反行为。可是多读洋人山外看山的著作，又再次发现仍有许多我们山中人不易见到的东西。

　　到底是山中还是山外更能见庐山真面目，恐怕是个不易解决的哲学问题。若持平而论，或可谓各有千秋。海外的中国观，无论有多少雾里看花的隔膜处，仍有许多看破庐山真面目的睿见。这一点，大约是不争的事实。

　　的确，一个局外人的冷静观察，常常能见局内人所未见，言局内人所未言。法国思想大家托克维尔（Alexis de Tocqueville）的《美国的民主》一书，即被认为是比大多数美国人自己看美国还要更清楚的佳作。该书问世一个半世纪有余，至今仍是研究美国史、美国政治和美国文化的必读书，今日美国各书店均能见到。同样，许烺光所著的《中国人与美国人》一书，在美国也多次再版，并被许多大学作为教学参考书。许先生著该书时已入美国籍，提到美国人也以"我们"自称，但他坦承自己是个中美文化之间的"边缘人"。有意思的是，虽然许多人更看重书中关于中国人那一部分，美国史学大家康马杰（Henry S. Commager）却从中看到许先生以一个外来者所见到的许多美国人自己没看见的东西，并将该书与托克维尔的名著相提并论。托氏的山外看山，或许氏的山外人进山看山，都有山中人所不及见之处，颇能支持苏东坡的说法。

湖北人民出版社的王建辉先生，或者就是受了苏东坡的影响，乃倡议推出了《世界名人论中国文化》（以下简作《中国》），立意好，装印亦不错。题目虽然也好，却不准确，盖无中国何以言"世界"，不如改作"外国名人"更佳。从前言看，编者是要想知道"中国过去和现在在世界各民族人民心目中的形象"，其志向是高远的。全书集欧亚美 62 位名人的言论，颇为壮观。其中有些名字，我们也是第一次见到。自惭形秽之余，也很佩服编者搜求的苦心。

编者是有意让读者"了解到中国形象在世界历史上

的变化"的。可惜其编排是按国别分类,而不是以年代编排。这样虽然很能体现其世界性,却使读者较难把握"历史上的变化"。以国别分或以年代分,本各有优劣,但编者若在国别分的情形下,加上一篇长序,从年代变迁的视角对全书内容略加分析,想来会有更佳的效果。同样,编者对每一作者的介绍中,若能略增一二句,评价该作者之见解言论于整个"中国形象"在外国的演变中的地位和作用,虽可能仅是一家之言,对读者当不无帮助。而且这样的评价并不需要费很多的笔墨。司马迁《史记》中人物传记最后那几句"太史公曰",常常是数言就能概括全篇,颇值取法。

关于一国、一社群、一政党以至一个人的"形象"(image)的研究,是西人近几十年的热门题目。仅关于中国形象在美国的著作,从伊罗生(Herald R. Isaacs)在1958年出版的开山著作 *Scratches Our Mind* 以来,已有好几本专书;其中至少有三本是在五年内出版的。不过,名人所见的"中国"只是中国在该处形象的一个侧面,若要见"中国"在某一国家的形象的全貌,还要多从平凡老百姓所喜闻乐见的通俗读物中去找。就近几十年来说,更要从音像影视方面去找。假如湖北人民出版社能有雄心再推出一本《外国老百姓眼中的中国形象》,则必能进一步提高这一本《中国》的价值。同样,对于本书编者有意不取的外国汉学家的言论著作,也值得再编一本《外国汉学家论中国文化》,则三书成一体系,庶几可概见"中国形象"

在外国的全貌。

依我们的看法，《中国》一书最有价值的部分，是该书选择了一些早就该译成中文的名家言论。其中如罗素和杜威，在五四时期影响中国思想界甚巨。他们有关中国的言论，不仅对"中国形象"在外国的发展演变有关联，而且直接关系到我们对五四人的理解。五四人的心态、思想言说及其时代关怀，对我们本已陌生。如不了解对其影响甚大的人物的思想言论，实际上很难了解五四人，遑论研究。现在的五四研究中常可见到以今人之心度五四人之腹的现象，其中一个原因，就是对五四人的思想资源本身不够了解。

罗素和杜威在华时期的言论及返国后不久撰写的有关中国的著述原文，对国内大多数学者是可望而不可即的，早就应作系统可靠的整理和翻译。今《中国》一书虽只节选少数，终胜于无。而且有的选择是很有意义的，如第448页所译罗素关于苏联布尔什维克的"根本目标在于使俄国美国化"这样一个少为人注意的见解，其本身的正确与否是一回事，但恰恰是胡适后来断言"苏俄走的就是美国路"的出处。这句话对胡适思想研究是很有意义的。

反过来，欧美思想家有关中国的一些言论，实际是受中国知识分子影响的。二三十年代一些欧美学者，对中国素无研究，而甫抵中国，便常常能长篇大论地评论中国的具体事物。这固然是当时尊西崇新的风气使然，但也不要忘记，每位来访的欧美学者周围，都有一群能说外语的中国学者为其提供资料。如《中国》一书所摘译的托尼的名著《中国的土地和劳力》，便是在中国学者提供的全套资料下在数月内一举写成。托尼坦承此书是据中国人提供的材料所写，但其他许多人的即兴评论，却并没有透露其思想资源。实际上，中国学者在提供资料的同时，有意无意间也提供了观点。正像余英时先生所说五四时期的老师和学生是相互影响一样，二三十年代的外国访客与中国知识分子也是相互影响的。故我们若对这些欧美人士有关中国的言论慎重分析，常能找出当时说外语的中国知识精英一些没有说出口的想法和观念。从这个角度看，《中国》一书所摘译的一些内容，对中国思想史的研究有直接的帮助。更希望《中国》能起到抛砖引玉的作用，使有见识的编辑推出更完整的译本。

另外，《中国》一书所选的一些内容，也颇能发人反思。如该书所引斯密所说："欧洲技工总是漫无所事地在自己工场内等待顾客，中国技工却是随身携带器具，为搜寻……工作而不断地在街市东奔西走"一句，过去读斯密的《原富》时，并未加以特别的注意。今被摘引，倒引起我们的反思。盖此处所说不仅是关于中西工匠的区别，而且和中国的另一情形适成对照：中国的教师历来是有来学无往教的，即老师设馆坐等学生上门；若往教，便自失身份，不为人所重。钱穆先生曾注意到，释道二家，皆能据山林建庙宇，坐待信徒，而来皈依者颇众。近代入华的基督教士，却如斯密所说的中国工匠，挟《圣经》而东奔西走以传其教，其效果反远不如释道二家。盖释道据山林以待信徒之道，恰类似中国传统中地位甚高的教师；而耶教传教士则无意中学到了在社会最底层与巫医药师略同的工匠，其效果相去之远，正是渊源有自。

同为宗教传播，且佛教与耶教在中国同为外来宗教，却有此迥异的结果，很能说明文化差异对事功的重要且常在无意之中的影响。基督教士后来对这一点也渐有认识，君不见美国传教士林乐知（Young J. Allen）在上海办格致书院以推广西学，数年间收效甚微。后乃依科举行考课，请南北洋大臣及海关道宪等按季出题，课以格致论说，结果是"远近应科士子，动辄百数十人"，情形立刻大不相同。过去论者多认为是考课有奖励，并可为优胜者推荐工作，故能吸引人。这当然是不错的，不过多少有点以今人之心度昔人之腹。实际上，更重要的恐怕是考课方式更适应中国士人的行为方式所致。

同样，斯密不察中外文化的区别，仅据工匠的奔走以证明中国的贫困，就不怎么高明了。当时的中国固不算非常富，但若以国民平均收入论，虽或不及英国，在世界的排名恐怕远在今日中国之前。实际上，传统中国人不仅常常不以成败论英雄（如崇拜关羽、岳飞），很多时候也不全以贫富论高低。据旧律，只要有了秀才的"学位"，不论多穷，进衙门是不能脱裤子打屁股的。但若没有"学位"者，即使是富商，亦不能免。斯密时代的中国，工匠虽汲汲奔走于街巷，其收入一般还是在农民之上的。但若以身份论，则农民在士农工商四民之中还在工匠之上。故工匠之奔走，多半因习惯使然，最多可说其社会地位的低下，与本人及中国的贫富是没有多少逻辑联系的。这也说明文化差异无意间对"中国形象"所造成的影响有多大。

又如《中国》一书所摘译的赛珍珠的言论，也很有启发性。赛珍珠值得译述的见解甚多。美国著名中美关系史专家韩德（Michael H. Hunt）曾著有专文，称赛珍珠为"民间中国专家"。欧美学界一般公认赛珍珠的书整个改变了中国人在西方的形象。在某些层面，赛珍珠对于中国的了解，实际是超过当时中国的西化知识分子精英的。赛珍珠因其小说《沃土》（*The Great Earth*，多译为《大地》）而得名。该书出版后，当时在北美的江亢虎和陈衡哲均曾撰文，责其未能反映中国的真实。实则他们所指责的所谓不真处，多是城市知识分子不甚了解的农村情形，今日当过知青的读书人会发现赛珍珠的描述是颇接近真实的。倒是赛珍珠书中有些安在中国农民头上的西方观念，受西潮影响的江陈二氏反能安然接受，并不指摘。

赛珍珠对中国情形的了解之所以特殊，乃在于她多接触并注意下层中国人。例如第一次世界大战后，因战争的破坏和西人自己也谈西方的没落，一些中国知识分子对西方的敬意大减，故有东方精神文明和西方物质文明之说。这是许多人都见到的。但是赛珍珠却独具只眼，注意的是大战中援欧的中国劳工。赛氏观察到，许多劳工回国时娶回白种的法国妻子甚至小老婆。既然白种女人可为中国下层劳工做小，白人在许多中国人心目中至高无上的地位立即破碎了。

又如中国的剪辫子反缠脚等事，从民初到现在，政治虽数变，一般趋新士人对此二者都是持肯定态度的。但是我们如果考察一下老百姓的态度，恐怕就不那么简单了。北伐时期山东民间反张宗昌暴政的民谣，就把剪辫子也列为张的苛政之一。张氏固与民初山东的强迫剪辫无关，这是另一事；但这民谣说明老百姓不仅未把剪辫算成德政，反视为苛政，十几年后犹有余愤，盖其多少给一般人民造成了不便也。同样，说起缠脚，五四以来几乎无人说好。但赛珍珠却注意到，二三十年代的民间贫家妇女如无钱去念新式学校，则大脚女子是很难说到婆家的。换言之，民初中国社会实是两个世界。要进了念新式学校那一世界的人才喜欢天足女子，若不能进入这一世界，则脚的大小直接关系到婚姻大事的成败和婆家的优劣。故缠脚再痛苦，也不得不为之。而所谓妇女解放，若在整个社会观念未转变之时，竟有陷妇女入苦海的功用。故我们若看1949年以前念不起书的民间妇女，鲜有不是小脚者。这样看来，二十世纪上半叶中国的各种社会改革以至于中国社会本身，恐怕都还要重新认识和重新诠释。

尽管赛珍珠对中国民间的了解有独到之处，过去因种种原因，对赛珍珠是有意忽略的。因为赛珍珠一生都认为中国留学生食洋忘本，中国知识精英对她一向是敬而远之。1949年后因其反共倾向，更加遭到冷淡。眼光总向前看的美国人，对思想颇近维多利亚时代的赛珍珠，除了三十年代初的那几年外，也一向不怎么看重。笔者之一曾碰到一位在美国某常春藤名校念比较文学的博士生，闲谈中问起赛珍珠，立即遭其冷眼，谓现在根本无人再看她的书了。实际上比较文学的背后，总离不开文化的比较，而讲到中西文化的比较，赛珍珠的书应该是必读。《中国》一书的编者能注意摘译赛珍珠的言论，是有眼光而颇足称道的。

《中国》一书，也有些注意不够的小错误。如在有关白璧德的一段译文中将梅光迪译为梅光弟，是不应有的错误。梅氏为《学衡》杂志主将，《学衡》派正是欲从白氏的思想来维护中国的传统，虽与五四新文化运动诸贤反传统的方向对立，其以外国思想为基本武器的取向与五四人是一致的。梅氏本人及《学衡》派，是五四后十年中国思想界重要的一支，因其与新文化诸贤作对，常遭忽视。但编译者似不知有其人，却不能谅。这也说明五四人的意识仍把握着今日中国思想界。

《中国》的编者自称参加选编的主要是青年研究人员，故有意无意中或有些偏于青年的"理想型"。如前言中称世界名人代表人类最高知识水平，故此"可以断言，当他们把目光转向中国时，他们对中国的论述可能具有常人所不能达到的深度和广度"。这个"断言"可惜却不完全为书的内容所支持。记得有则趣闻说曾有女芭蕾舞演员向萧伯纳求婚，以期生出具有萧氏智慧和演员身材的"优生"

后代，萧氏毕竟是有智慧的，所以估计到可能产出有萧氏身材和该演员智慧的后代，恐怕未必高明。这则趣闻大有启发人处。若《中国》的编者略存此想，当不致有上述的"断言"。

也许是受了"理想型"取向的影响，该书的选材有时不免不够实际。如所选爱迪生致赵元任的信，虽然双方皆是名人，该信也有其文物价值，但短短一封前辈对年轻人的贺信，除了几句客气话外，与"论中国文化"可说是风马牛不相及。若将爱迪生这一名人取消，当不损全书价值。但编者自感歉然的是"肯定遗漏了一些重要名人的论述"，大约无意中是重"名人"而轻"论述"的。

不过，若说到遗漏，则似乎对二十世纪后半叶的"世界名人"选得确不够多。如号称"剑桥三剑客"之一的波科克（J.G.A. Pocock），对英美学界影响甚大，应可算名人。他就写过有关中国古代政府与社会观念的学术文章，但他显然又不属于编者所不收的"汉学家"之列，本最适合于《中国》一书的选择标准，惜未见收。

另外，编译者的有些按语倾向性似太强，不够持平。如对凯泽林的按语即对其称赞中国人道德水准高颇不谓然，而对孟德斯鸠的按语竟举孟氏认为"中国是一个专制国家，它的原则是恐怖"一语来证明孟氏对中国了解的"深刻"。实际上，儒家强调个人道德正是传统中国政治可以不讲和少讲权力制衡的重要先决条件，两千年中国治多于乱，与强调个人道德有重要关联，而恐怖则从来不是中国专制的原则，这都是不争的事实。类似的按语别处还可见到，很能表现五四反传统的取向对今日中国人心态的下意识影响。

虽然有这些缺点，《中国》一书毕竟是一项开创性的努力，并提示了一个由中国在外国的形象来反观中国文化的新视角。仅此一点，即足珍贵。

1992 年 9 月写于美国旅次

《世界名人论中国文化》，柳卸林主编，
湖北人民出版社，1991 年
原刊《读书》1993 年 1 期

中西文化竞争与反教政治运动

近代西潮入侵，不过在沿海小胜中国数次，中国士人的危机感却甚强，咸认是中国历史上一大变局。始则认为是几百年未有之变局，继而危机感日深，年代亦复加长，不久乃大呼为三千年未有之大变局。这个提法且渐成时代共识，今人亦多视为成说而频频引用之。此中原因甚多，但最主要的一条，大约是中国士人逐渐认识到西人并不十分想亡中国，却立意要亡中国人的"天下"。顾炎武说："有亡国有亡天下。亡国与亡天下奚辨？曰：易姓改号，谓之亡国；仁义充塞，而至于率兽食人，人将相食，谓之亡天下。"这个"天下"，就是中国文化。用今日的话说，西方的目的主要不是在政治上完全控制中国，变中国为殖民地，而是要在文化上征服中国，改变中国人的思想习惯。以中国的地大物博，这是最可行，也是最经济，即效益最高的取径。

晚清士人喊得最响的就是"亡国灭种"。这里的"种"，也不是生理上的"种"。盖中国人太多，实际上是灭不掉的。种也者，正是顾炎武所说的"天下"，仍是今人爱说的"文化"。昔日中国士人讲文化，也颇类今天的西人，有大文化小文化或上层文化下层文化之分。用中国士人的话说，上层文化是"教"，下层文化是"俗"。古代中国人深知文化的敏感性，对待周边的异族，基本是"修其教不易其俗"（《礼记·王制》）。后来异族入主的朝代，对汉人又多反其道而行之，大致是"易其俗不修其教"。尚武的清人最典型，他们对可以当兵的汉人男子，必命其变发式，易服饰，以强调其为"中夏之主"的征服者地位。但对僧道、女子等与军事关系不大者，则任依其旧。在政治制度、纲常名教及学理上，更基本上采纳汉制。故既有"以夷变夏"，又有"以夏变夷"，妥协的余地尚在。这是后来汉人终能逐渐接受并认同于大清的根本原因。

西人则不然，一开始就表明中西之争最终是文化之争。故西人每战胜一次，都要强调其船坚炮利不过是文化优越的表征，以期通过军事战胜达到文化征服的目的。既然是文化之争，传教士就处于中西之争的最前线了。实际上，传教士也是文化征服事业最积极最坚决的斗士。盖真正的"资产阶级"只要能有利可图，有时尚可允许被侵略人民保持自己的文化。传教士以基督教的排他性为基准，眼光更远大，在文化之争上恰最不能妥协，一定要全面征服。正因为如此，中国士人所感知到的文化征服之威胁，也多来自在中西文化竞争中最活跃的传教士。近代以还，反洋教或反基督教运动始终是中西之争的一个主要组成部分。而且，随着中国人对西方文化侵略性质的认识之逐步深入，反洋教的势头也日渐增强，到二十世纪二十年代更发展成大规模的非基督教运动。

对这样重要的思想政治运动，大陆学人过去却甚少研究。不仅无专著，单篇论文也极少见。有关中国近现代史的工具书中，通常连词条也看不到。在许多中国近现代史的小题目已被一做再做的情形下，竟然出现网漏吞舟之鱼的现象，与这样的大题目失之交臂，实应引起吾人对中国近现代史研究的反思。

四川人民出版社今年出版了杨天宏教授的《基督教与近代中国》，详细检讨了二十年代反教运动的来龙去脉，不能不说是一件可喜的事情。此书的主要内容是1922—1927年的非基督教运动，但有四分之一强的篇幅是在讨论这一反教运动的渊源，特别是晚清反洋教运动及新文化运动与二十年代非基督教运动的关系，尤注意从文化层面探讨此一思想政治运动的发生、演变和影响。作者虽未明言，但暗含从文化上为二十年代反教运动这个文本（text）在近代中国这个大语境（context）中定位之意旨。故将全书名为《基督教与近代中国》，另以副标题指明是反教运动研究，收放之际，有深意焉。

中国近现代史材料浩若烟海，立说者见仁见智，但有先入之见，通常都能求仁得仁。但是这样产生出来的作品，最大的问题即在于反对者若想找反证，一般也皆可求智得智。故若非在资料上先下大工夫，将相关材料尽量爬梳，立论常可能偏。只有研究时"论从史出"，写作时才可"以论带史"，所论始能不虚。杨君一书，取材广博胜过所有既存（主要是海外）之相关著作，又特别注意当时当事人的思想对话与交锋，大多让彼时之人在书中自我表述，较少以今人之心度昔人之腹，基本上达到了作者要再现一幅"运动的、立体的历史图画"的初衷。

正因为全书处处以材料说话，故所论者虽细，所见者实大。杨君所论集中在反教运动，但透过对此运动的再现，使人对一些相关的思想和政治运动就有了深一层的认识，从而对近代中国本身也有了进一步的理解。且此书又不是简单的材料排比，全书有一条明确的主线，这一条主线，我们认为，就是民族主义。正如作者所言：民族主义能超越党派政治和特定的短时段（如二十年代），故不仅是非基督教运动中"一种贯彻始终的支配力量"，而且是近代中国"每一个中国人都深切关注的关系国家民族命运的"主题。

关于近代中国的民族主义，海内外虽然迄今没有一本专著，但许多人的论述中都涉及此问题，海外学者所论尤多。不过，一般的论述都较空泛。最近有学人在海外所刊的论文中，进一步注意到近代中国民族主义的复杂多变的表现形式。杨君从中国民族主义的超越性入手，也检讨陈述了这一现象，异曲而同工。特别是对有些口头上公开表示可以不爱国的思想人物，杨君却能注意到其言论出自爱国之动机，其目的仍是救国，从而揭示了隐伏在"不爱国"言论背后的民族主义情绪。

而且，由于民族主义又是人人关注且亦不可避免的主题，当政者也不能忽视。实际上，二十年代南北当局对民族主义的力量都是有所领会的，故不仅互骂对方为卖国，并且还力图表明自己的民族主义立场更坚定。作者便注意到南北政府在颁布收回教育权法令方面的竞争。这样一种为政治目的而竞争性地运用民族主义的现象，过去向为人所忽视，正是今日史家还大可挖掘之处。

此书颇着力于二十年代反教运动与清季反洋教的关联与区别，并由此凸显出二十年代非基督教运动的一些重大特点：如主要在西方寻找反教的思想武器（例如以西方传入的科学反西方传入的基督教）、政党的介入及领导作用，以及边缘知识分子（青年学生）是运动的骨干等，都很能启发人。

十九世纪的反洋教，其思想武器和表现形式，基本上是中国传统的。主要还是从"子不语"的"怪力乱神"那个层面看问题（十九世纪的传教士自己也多认同于"怪力乱神"一面）。此类反教之顶峰，是世纪之交的义和拳。但义和拳本身也采"怪力乱神"的表现形式一点已足证明，这种类型的反教，即使依其发展的内在理路，也已走到了尽头（这一思路杨君与我们不尽相同）。到二十世纪，所有的反教运动，以及相应的"排外"或"反帝"运动，无不采取所谓的"文明排外"，实即西洋方式，如游行、排货及罢市罢课等。这里面原因甚多，不能在这里详述，但这些现象是不争的事实。

反映在反教运动上，中国士人既然"以子之矛，攻子之盾"，很快就发现科学不啻是最好的武器。西方科学传入中国，传教士是始作俑者，并起到了主要的作用。在传教士一方，固然是视"科学为基督教的侍女"，希望借此能扩大基督教的影响。传教士明知科学与基督教在西方已不易相容，但由于其有"西来"的共性，总相信科学在中国可以用来证明西方文化亦即基督教文化的优越性。故此，科学实是中西文化之争的重要武器。唯科学既然是作为武器所输入，在西方文化优越观已确立于中国士人心目之中的二十世纪，很快即被中国士人用作反教的武器。在从学理反教方面，据杨君的分析，科学实是最有力的武器。盖其最能证明基督教仍是属于"子不语"那一类，因此可以排除在"优越的西方文化"之外。这里面的微妙之处不能细说，但已提示了一种政治性运用文化的取向。而作为中西文化之争一部分的反教运动，亦终以政治运动的形式表现出来。

二十年代反教运动的一大特点，就是政党的介入及其不久就实居领导地位。新文化运动时从学理上反对基督教，唱主角的是少年中国学会。其中许多人正是后来在二十年代中国最活跃的三大政治力量——国民党、共产党和青年党——的骨干成员。二十年代反教运动的导火线，是 1922 年世界基督教学生同盟在北京召开第十一届大会。中国士人受此刺激而组成非宗教大同盟。同盟初无明显的党派影响，但很快上述三党皆介入，中共与青年党尤倾全力，不久即起到主导作用。杨君论述各政党的政策及起到的具体作用，取材宏富，画面生动，是此书的一大贡献。

　　实际上，上述三政党本身也是在二十年代兴起的（国民党虽是改组，但在组织上几乎就是重造）。组织严密的新型政党在中国的兴起，一方面是受惠于民国初年各种"主义"的风起云涌，另一方面即因为废科举兴学堂以后产生出一个以青年学生为主体的边缘知识分子社群。杨君从"亚文化"的角度，对此一学生社群作了仔细的分析。有些具体的分析未必人人同意，但注意到这一社群的兴起，已极具慧眼。作者详细论证了青年学生社群正是二十年代反教运动的骨干。其实，说这一社群是二十年代所有政治运动的主要载体，我们以为也是不过分的。

　　这部著作有一极难得的特点，就是给运动的对立面即教会方面以发言权，这与过去讨论各种"反什么"的运动通常只见一面之词的情形迥然异趣。此书差不多每一章都有教会方面反应的专节，论述教会方面对反教言论运动的认知和因应，再现了一个互动的历史画面。作者更特别注意中国籍教士在西来的基督教和自身的民族国家之间常常不得不两择其一，但又力图避免作出抉择这样一种两难的文化认同窘境。此书同时以专节讨论了教会内部的"教会革命"动向。联系到同时期佛教界的"新佛教运动"和"佛教革命僧"等趋向（参见葛兆光的研究），吾人可知，二十年代中国社会的激进化，实远远超出我们过去的认知。这些材料，先入为主的"以论带史"派决不会去看，看到也不会用。只有遵循"论从史出"的取向，才能注意到这样的问题。杨君将这类过去忽视的现象摆上桌面，无疑推动了我们对近代中国的了解。

此书最具新意的章节之一，是讨论北伐与反教活动之间"内在的思想与组织联系"那部分。当时之人已指出，"青天白日所到之处，基督教遭遇着一种从来未有的影响"。盖北伐军号称"仁义之师"，扰民确较北洋军为轻，但教会则不在不受侵扰之列。故党军所到，党部同来，教会通常都吃大亏。但是，杨君也注意到，国民政府的核心领导十分关心其"在世界上的形象"，主张反教只限于反对"基督教使中国人丧失其民族性"的一面，并确实努力约束反教运动的"过火"行为。这一点最明显的证据，即教会方面也注意到，党政府所在地的武汉对教会的骚扰远比距武汉较远的其他党治区域为轻。这就提示我们，对北伐时群众运动的具体情形及其与国民党政府政策的关系，都还有进一步探讨分析的必要。

概言之，此书所长不仅在于其填补了大陆对非基督教运动缺乏研究的空白，而且在于使人们对一些相关的思想政治运动如新文化运动和北伐都有了进一步的认识，从而加深了对近代中国动态多变这一特征的理解。作者的贡献，既在于提出了许多新说，更在于破除了不少成说。但此书体大，涉及面广，对于一些反教运动不直接触及的相关题目，有时不得不依赖既存的学术成果。作者对海内外有关研究成果非常熟悉，征引如数家珍，但一些不足之处亦在征引成说之中。例如：胡适本主张不谈政治，后来又转变为要谈政治；蒋介石亲基督教（注意这里说的是1922—

1927 年）；以及军阀与帝国主义的密切关系等，这些都是广为接受的成说，其实若认真推敲，都有商榷余地。

另外，此书多少受近年十分流行的近代中国有"启蒙"需要这一观念的影响，近代中国是否有"启蒙"的需要，这个大问题这里是无法展开的。所谓启蒙，必须先"蒙"，然后可启之。认中国人为蒙昧而需以西方观念启迪之，这个见解的始作俑者正是传教士。此观念后为中国士人接受，近年尤出现一唱百和的现象。杨君以十九、二十两世纪划分近代反教运动，基本上以前段为非理性的（也有理性成分），后段为理性的（也有非理性成分）。而两段的一大区别，正在一以中国方式反教，一以西洋方式反教。则这里的理性非理性之分，无意中竟成中国与西方之分。这虽非杨君原话原意，相去并不甚远。而理性非理性等，正是"启蒙"说的典型套语，与十九世纪西方传教士的观念若合符节。杨君虽然只是众多唱和者之一，但其研究的正是反基督教运动，又有心"跳出历史事件当事人利害关系的圈子"（作者自序），而其思想仍在无意识传承的传教士观念影响之下，这样一种诡论性的现象，是值得今日学者深思的。

《基督教与近代中国》，杨天宏著，
四川人民出版社，1995 年
原刊《读书》1995 年 10 期

谁的人文精神？

人文精神是久违的题目了。《读书》三月号推出这方面的讨论，可谓"及时雨"。读了兼涉文史哲的几位讨论者的宏论，颇受启发，尤其佩服几位论者眼光的高远。佩服之余，也有一些联想及不同的看法。讨论者最后邀请"同道"参加讨论。我们虽不敢自诩"同道"，却愿意欣然应邀。故不揣浅陋，将我们的看法写出来就教于各位方家。

几位论者的结论，似乎是中国读书人的"人文精神"已在近代失落，虽然失落的具体"何时"与"怎样"尚不是很清楚。可是我们读完讨论，却觉得还是论者之一朱君所说的"一条思路，似乎清楚，又不清楚"一句话最觉亲切。坦白地说，我们其实还没有朱君那样乐观。到底什么是论者要讲的人文精神，我们读完全篇后尚未达到"似乎清楚"那一步呢。故此，以下的有些看法也许是误读误解所致，亦未可知。

我们完全支持讨论者对"只要是'舶来品'，就会有人捧场"这一现象的批评。不过这一现象并非近年才有，大约至少在二十世纪初即已存在。彼时中国士人已基本服膺西学，自叹不如，逐渐形成一种尊西崇新的大趋势，成为学界思想界的主流。从那时起，几乎就是"顺之者昌，逆之者亡"，凡有影响的学人学派，无不与此趋向有关联。今日几位讨论者思想的安顿处，其实也正在此。我们且观讨论者在反对尊奉舶来品的趋向，指出国人"完全丧失了分析批判的能力"之后，随即笔锋一转，并未批评任何"肤浅平庸"的舶来品，却批评起一百多年来中国的学术史，即知那些尚未丧失的批评能力，也只是在"反求诸己"的一面。

如果看一下各位论者引用的观点，便知其思想资源大多是当代（即比"近代"尚晚些）的西人如哈贝马斯和麦金太尔一类。全部讨论中引用我们中国人处实在不多，除了孔孟有过一两次尚属积极正面的引用外，其余提到的近代和当代诸贤，无不带点抱歉、保留甚或反对之意。假如"人文精神"即如各位论者所述，则我们不得不学汪晖先生问"谁的思想史"的方式问一声，这是"谁的人文精神"？

有人或会说，既然孔孟也在论者的引用之列，这样问是否失之过苛？可是我们如果细看一下孔孟在讨论中的具体价值，便知这样问并不过苛。文中提到孔子两次，一次是讲孔子定六经。论者"仔细想想"之后，肯定六经"确实已经包括了传统人文学科的基本格局"。这里所说的传统人文学科，实指的是西方的人文学科。盖"《易》是哲学，《书》是古代历史……"论者这些名词，用的虽然是孔子时候已有的字，那意思则多半是近代转手自东邻的外来语译名，孔子若有知，恐怕就未必会同意。那传统，自然也不可能是中国的。

另一次提到孔子，也是正面表彰性的。原文为："康德道德律令第一条，孔子说成'己所不欲，勿施于人'，几乎异曲同工。"则看上去孔子还是沾了西人康德的光。孔子到底比康德早生了许多年，论者要说明人文精神的普遍性，何不反过来说康德将孔子的什么"说成"是什么？这不是简单的文字秩序问题。借用另一西人弗洛伊德的意见，这种看似脱口而出的随意表达，其措辞正是潜意识的表露。讨论者的思想安顿处，确是在近代以来的尊西崇新的趋势之上。不仅如此，其厚今薄古的倾向还有进一步的发展。

何以言之？讨论者提到出生稍早的西人如黑格尔和卢梭，也都带有些惋惜和抱歉之意。而且，讨论者对十八世纪的"启蒙思潮"已冠之以"古典"的称谓，这样的厚今已超过绝大多数的西人了。即使是西方的后现代主义者，大约也还不至于把"启蒙思潮"推入古典。实际上，后现代主义在某种程度上也有"复古"的意味。比如后现代主义以为现代历史研究之讲究"科学证明"的取向有问题，故主张用叙述（narrative）手法。这叙述自然有许多新名堂，但与古典方式到底还有相近之处。

事实上，讨论者对西方老旧一点的东西，也有些生疏。把基督教说成是"持普遍主义的立场"，就是一例。

这里的普遍主义，若不加以界定，很容易发生误会。讨论者的意思，普遍主义是心同理同，全人类可"通约"（此词我们也似懂非懂，但系原用）的。基督教，特别是论者所说的古典基督教，当然认为其教义是放之四海而皆准的，但同时也有强烈的排他性和不容忍性。对于不在此"普遍主义"的六合之内者，必定要用尽方法拯救之，而拯救之道是包括"剑与火"的（中国儒家基本上也是排他的。对"非我族类"的夷狄，也主张"用夏变夷"。但通常并无拯救他人的使命感，更多是希望自己的德行能吸引夷狄主动"变夏"）。只是到了近年，基督教才逐渐学会承认和容忍异端。但这一点恰与经典教义是相左的。故假如古典基督教可以说是持普遍主义的，则论者所云之"普遍主义"就是允许排他和不容忍的。唯此似乎又非论者意之所在。

再回过来看讨论者对近代中国的批评。一位论者说，中国百多年来"称得上经典之作的思想文化作品有多少，答案恐怕会令人汗颜"。我们不知要有多少才可以不汗颜，但想必总是甚少。论者张君作为中国人的谦逊和责任心，都使人十分钦佩。我们自己读百多年来国人著作不多，觉其中不少也可算经典。我们也知道四位讨论者皆熟读西人近作，但因讨论中未提及多少百多年来中国人的著作，所以不知他们究竟读了多少。不过，敢下此断语，想是已读得差不多。可知关键还在评估标准上。

标准不一，结果自然大不一样。十七、十八世纪时的欧洲人，对中国古代政治是大加赞赏的，且有誉为世界之最者。彼时的中国人自己，不用说也是自以为天下第一。今日则有此感觉的中西人士均已难见到。林毓生先生最近曾根据他也不十分满意的亚里士多德对政治的分类，得出中国古代政治"很难称得上是政治"，如果一定要称，也是"极为低级（低层次）的政治"这样一个结论。（见《联合报副刊》，3月24日）可见即使以西人标准看中国，所据时代及出处不同，结果也大不一样。

通常，人们要找什么，就会找到什么。二十年代美国驻华商务参赞安诺德对美国驻华武官说：你要找的是毛病（故可能需用兵），我要找的是机会（故可贸易），二者皆能各得其所需。故若先存有经典之心，大约也未必难寻。二十世纪中国尊西崇新的大宗师胡适，以为中国称得上大著作的，自古以来不过七八部，尚且将章太炎的著作算进去。若以两千年出七八部经典计，则近代百多年能出一部，成绩也还不差。而且太炎提出的"以不齐为齐"的新齐物论，恰可解决讨论者面临的普遍主义是否要排他的疑难，正是经典性的见解。惜乎未为论者诸君所注意。

如果说，太炎离我们已远，他的"精神"也的确多半"失落"了。那么再看近些的。钱穆先生的著作，美国汉学家墨子刻即以为不比汤因比的差。许烺光先生的《美国人与中国人》，美国史学大师康马杰就誉为是可与托克维尔的《美国的民主》比美的经典。李学勤先生的著作前些时候被译成英文，美国的书评就称该书为"经典之作"。

这些或都是一家之言，许先生且或可算是美国人。但我们窃想，倘若许先生在中国写出此书，恐怕就很难被国人认作经典。因为钱穆先生的著作，我们就未见国人说过可比汤因比。李学勤先生的大作，也未见国人誉为经典。

中国百多年来，确是不如意事常八九。但最不如意之事，便是在许多挫折之后失掉了自信心，逐渐变得凡事总以西人观点和标准来反看和反测中国事物。而且这信心失得颇有些怪，即只有面对西人才信心不足。说到西方事物，借用论者之一的话，即显"底气不足"，只好多表敬意；但一涉自己同胞，则随意褒贬，似乎信心和"底气"都不差。实则仍是不足。盖褒的时候偏少，且褒后还常加但书；贬则一言九鼎，甚少犹疑。所透露出的消息，仍是对中国这个大我无信心，唯将个人之小我暂时排除在外。如冯友兰先生早年所说，是自居裁判地位；若用近年流行的话说，便是颇有超越精神。

不过，近代以来尊西崇新的势头虽然很足，但西方文化，包括其人文精神，我们真正领会的，恐怕还远不够。中国学人追西方，总求最好最新，以为新就是好。但西人新东西层出不穷，结果是追还来不及，更谈不上消化。现在大家又都在谈"解构"了。别人的解构，或者还是在已有"全构"之后。我们今日，如李欧梵先生最近所说，是"现代"过程尚未走完，恐怕不宜去紧跟后现代主义的新潮。倘不建设出一个实在的结构来，便先要去"解"，则结果多半是"失落"得更多。

170

何况西人的学问，在在具有一套复杂的体系。我们试观恩格斯在马克思墓前演说里面总结出那几条马克思的贡献，无非都是人要先吃饭穿衣然后再干其他一类的常识。可是经他老人家一分析，便成一套极错综复杂的关系。今日西方流行的各种主义学说，多少都受到马克思的影响。其体系的复杂曲折，也都不弱于马克思主义，绝非几句口号式的"真言"可概括。后现代主义的方法若真能学到并运用之，亦是一件好事。但以今日欧美大学本科生讲"解构"的情形看来，那玩意儿恐怕不是很容易学会的。

中国近代以来尊西崇新这个大趋势，用一句老话"邯郸学步，反失其故"来总结，真是再合适不过。别人的东西没学到多少，自己的传统倒丢掉了。正因为已失其故，所以每"反求诸己"时，所见便只有丑陋，而不见光明。由于看不到昔日尚有光明，故凡欲有所为者，不得不往西方找思想资源。论者诸君，实亦不过循此老路再走一步而已。其所论的"人文精神"，一则西远甚于中，二则西也是今日的西，而非一般意义上"近代"的西，实不如明言就是"新西方人文精神"，还更准确。这样的"人文精神"对中国人来说，最多只能是从近代才开始获得，根本不存在"失落"于近代的问题。所以那失落的"何时"与"怎样"，事实上大约是无法弄清的。

论者诸君最大的贡献，便在于认识到今日中国学界需要的是建设。将其所论之"人文精神"正名为西方的，丝毫不妨碍其可用于中国的重建。今日中国学界任何方面的建设，可以说都已不可能闭门造车。故不但有必要，而且是必须兼采西方的思想资源。不过一要不失其故，方可言重建，否则便只是皈依；二要正名，中就是中，西就是西，名正而后言顺，采用起来恐怕还方便些；三是现在尚不宜"解构"。近代以来，言建设者率多以破字当头，以为立能随其后。结果是不断地破，与立却总距一步之遥。破不能作为立的手段，应是近代的最大教训。

胡适早年曾说，当时中国所谓有主义的革命，"大都是向壁虚造一些革命的对象，然后高喊打倒那个自造的对象"。今日中国学界，则喜欢向壁虚想出一些大构架，然后将历史事件往其中套。似乎构架不大，便不足以说明问题。比如论者之一所"观察"出的"中国二十世纪的前半叶是知识分子企图通过重新沟通庙堂与新学术传统……来恢复人文精神的尝试"，就是一个十分大的构架，正可用另一位论者的话来问一下："是否夸大了历史中的观念力量？"这个大构架的空想性亦颇明显。盖根据几位论者所言，中国知识分子是到今日才开始认识到这"人文精神"的失落，而且对失落的"何时"与"怎样"迄今尚不清楚。倘如此，则二十世纪前半叶的人何以会将自己并未认识到已"失落"的东西，作为其尝试"恢复"的目标呢？

退一步说，假定上述构架不是虚想，而是经过全面仔细的"观察"之后化零为整而得出的，其是否能化整为零、反回去解释具体事例，仍是有疑问的。且以论者自己所引的例子看：论者之一以为胡适在二十年代提倡好人政府"是知识分子企图重返庙堂的努力"。我们且不论当时中国知识分子是否有这样一种自觉的努力，但将胡适在那前后所写的文章、书信、日记及同时代人的记述略翻一过，却实在找不出什么东西可支持胡适确有这样意图的判断。胡适在1937年抗战爆发后受命为驻美大使。危难之际，不容推辞。但胡适在私信中尚觉因此荒废了自己的学业，十分可惜。这哪里像是有意重返庙堂之人的心态呢？

有时候，这种向壁虚想大构架的倾向发展到极致，更造成代人虚想的结果。如一位论者在说到海外学者"毕竟隔了一层，难免隔靴搔痒，可能还会搔错地方"时，即举海外学者提出的近代思想史上的激进与保守为例，以为"把1919至1949年这部复杂多变的社会史、政治史、军事史、经济史，简化为一对观念贯穿始末的思想史，这就大可商榷了"。我们看到这里，觉得有些不像，便将海外学者的原作找来一看，那里一开始就分明说该文是"限制在思想史上……是一种独立［于政治］的历史的研究"，完全没有要简化或包容其他各种专门史的意思。倒是我们国内一位学者在对此问题提出商榷时，将论题扩大到政治史和社会史。那位海外学者在回应时，还特别说明其无意越出思想史的范围，更确切指出："中国近代的变革当然是由无数因素共同促成的，绝不能简单地归之于思想一端。"这位讨论者想来是受大架构取向的影响，觉得仅讨论思想史则架构太小，"独立的"研究又不足以概括全面，所以在不知不觉中将自己的大构想投射到原作者身上。这题目是否是隔靴搔痒另当别论，但有一点可以肯定，那"搔错"的地方却不是海外学者所为。

讨论者以为，人在国外，不接"地气"，研究中国思想史便可能隔。实则至少就思想史言，研究者与研究对象是否生活于同一地域，关系不大。"文章千古事，得失寸心知。"读昔人之书，当如鲁迅所云，"返其旧心，不思近世，平意求索，与之批评"，则所得或能近。若总以今人之心度昔人之腹，则即使就住在研究对象的故居里，所得亦必甚远。今日之中国，与清季民初的中国，实是名副其实的今非昔比。地缘的优势，就思想史而言，恐怕是极其有限的。

我们其实很同情几位讨论者对大陆学者提不出有深度的研究问题这一现象的忧患意识，因为我们自己也当在此之列。但是海外学者所提出的问题之所以能造成大陆学者"忙于应对海外来题"的结果，不正因为那些问题恰搔着了痒处吗？鲁迅当年颇叹无知音的孤寂在于连反对的人都没有（其实鲁迅的知音颇众，只是他老人家要求太高，故以为尚少）。大陆学者近年来提出的新奇问题不可谓少，只是提出来没有多少人"忙于应对"，那大约才是没有搔着痒处。

应该说，有些海外学者之所以总能提出"搔着痒处"的问题，正因为其读懂了昔人的文章，读出了昔人的时代感。这一方面因为他们未失其故，所以对昔人言论能平意求索。另一方面则与他们十分讲究学术戒律极有关系。一位讨论者颇强调是否关怀现实是人文学者与一般"技术型"学者那"几稀"的区别。我们以为,学术戒律对决定是否"学者"还更重要。若不讲求学术戒律,专好作大判断,则无论多么关怀现实,最多只能算是"人文者",而不能成为"人文学者"。故我们以为,还是先站稳了"学者"的脚跟,再谈是否够"人文"不迟。不然的话,"人文者"与"技术型"学者的差别,恐怕就不只是"几稀"了。仅以此与论者诸君共勉。

原刊《读书》1994 年 8 期

美国方式与美国梦:
"政治正确"与美国校园的权势转移

人们常爱说，二十世纪是美国世纪；而美国人自己感到特别自豪的，是有着特定含义的"美国方式"（the American Way）和"美国梦"（the American Dream）。的确，至少自二战以来，"美国方式"可说是出尽了风头。全世界争相认同于美国方式，从可乐、牛仔裤到流行音乐，无不囫囵接收。以前，美国的精英是到牛津、剑桥或德国的大学中去深造的。如今，美国名牌大学的研究院中已聚集着包括欧洲一流人才的世界精英。美国方式曾被许多人发自内心地视为世界发展的方向。如果从对新生事物的容忍和接纳、大多数人的富庶及其享有的自由，特别是给普通人向上发展的机会等方面看，美国方式确比西欧、日本等发达国家的要好得多，遑论其余。这也是所谓"美国梦"的主要含义。但是，今日的美国，不仅经济在走下坡路，社会问题日趋严重，文化也有显著的变化，似乎露出几分下滑的征兆。美国梦的开放性越来越成为一种迷思（myth），而美国方式的吸引力也逐渐减弱。

与美国之诞生共存的那种不分种族和出生地而人人平

等竞争的"大熔炉"理想，曾是许多外国人的美国梦。许多人从自由女神的微笑中看到的，与其说是自由，不如说是久已盼望的对异乡客的欢迎。这个美国梦，从1882年的第一次限制移民法（所针对的正是敝国同胞）以来，已越来越成为白日梦了。美国梦所蕴含的那种机会均等的开放社会理想，早已逐渐不适用于异乡人。在美国国内，犹太人、爱尔兰人和意大利人基本脱出种族歧视、真正实现美国梦，也不过是最近一二十年的事。对中、南美洲白人和有色人种来说，美国梦到现在也还颇具梦的成分。事实上，统计数字表明，有三分之一的移民最后回到了原籍，另有许多人正拼命挣钱，希望有一天能携款回母国发展或养老。在某种程度上，美国对移民来说已渐有点围城的味道：外面的想进来，里面的想出去。当然，从全球范围言，美国仍是异乡客发展机会最佳的国家，想进来的远比想出去的多。

前些年美国少数族裔的寻根热，部分也因种族歧视而来。不过非洲裔美国人寻根是颇有分寸的：他们只寻文化的根，而并不想回到非洲去"吃二遍苦"。但这仍然增强了美国社会的离心力。越来越多的美国人不再自称美国人，而是更加强调自己的族裔。文化多元本与美国所伴生，也被认为是今后美国发展的必然趋势，但族裔认同的强化不可避免地要进一步减损美国梦理想那种共同分担苦难和共享收获的传统精神。

更重要的是，美国社会的人口构成正在改变。有色人种的高出生率和高移民率意味着白人在二十一世纪将不占人口的多数。在族裔文化认同日益得到强调的情形下，这样的社会人口构成的转变可能是革命性的。如果现在的少数族裔不仅仅满足于实现美国梦，而是要改造美国梦的含义；如果他们要在被整体的美国文化熔铸的同时，对美国文化的铸造本身打上自己的烙印；在以多数取胜的美国式民主社会里，还有什么比人口的多数更有意义呢？

最能反映美国近年从社会到思想的全面变迁的，大约就是几年前开始兴起并旋即席卷全美的关于"政治正确（Political Correctness，简称 PC）"的大辩论。到 1991 年，连当时的美国总统布什也不得不卷入，他在密西根大学发表演讲时说："我们发现在全美各地，包括一些大学校园中，言论自由正受到进攻，政治正确的概念已引燃了遍及美国大地的争议。"

"政治正确"的最典型表现之一，即所谓的"婉语化"（euphemism）现象。监狱现在被称作"改造教养设施"，家庭主妇则呼为"家庭创造者"，残疾人（the handicapped）以前的意思是"体能有所不能者"（the physically disabled），现在必须纠正而说是"体能遇到挑战者"（the physically-challenged）。而且这还有个过程，比如"哑巴"就先被婉称为"听力受损者"；但那也隐含歧视之义，现在只能说是"听力受到挑战者"了。又如"黑人"（the Black），本是纠正有明显歧视含义的"黑鬼"（Negro）的称谓，现在仍认为不对，又改为"非洲裔美国人"（Afro-Americans）。略带讽刺意味的是，大多数黑人仍称自己为黑人，倒是那些 pro-PC 的白人，才一定使用这一政治正确的称呼。所以有人开玩笑，把一个赞成堕胎和死刑的政治家称为"亲死"（pro-death）者，的确令人耳目一新（"pro-"作前缀既有"赞成"义也有"亲"什么之义）。

所有上述词汇有一个共性，即在过去有意无意中都是带点负面色彩的。今日美国人寻求公正的倾向里"翻案"风相当强，也就是要给过去处于较少发言权的族群以发言权。在今天的西方文化、社会和政治意识中，族群意识已跨越了生物学意义上的种族。比如女性和历史上等级社会中的"下等人"，甚而至于同性恋者，都被视为某种"族类群体"，这些群体中许多在数量上虽然从来就不居少数，但在社会和政治权势上却与少数族裔一样，处于较少发言权的一边。而美国白人中也不乏真正的反传统者。西欧裔白种男人（即天生最不 PC 者）中的左派讲究起"政治正确"来，比许多少数族类群体尤甚一筹，颇有点近代中国士人需要被"启蒙"的大众立言的味道。

以大学校园为大本营的"政治正确"运动，也要翻案。美国社会讲究竞争，知识界关于意识形态的方法术语的明争暗斗从未停歇，很少有一代美国人是在没有校园"危机"的情形下度过的。产生危机的一个共同原因，是要求大家遵从这样那样的正统。追求"政治正确"的运动，即是校园中原本寂寞边缘的激进分子起来争正统，要求在教育中增强过去受压抑的少数族类群体的声音。

几年前美国就已有一百多所大学施行了为限制种族和性别歧视言论而制定的行为规章，人手一册，必须遵守。像杜克大学这样的名校，更要对新生进行入学训练以引导其行为"正确"。不少别的学校也有类似的训练。1993年长春藤名校宾州大学一位白人男生对一位黑人女生说粗话，骂其为"水牛"。该女生即以种族歧视上诉校方。宾大校长（白种男性）因找不出水牛与黑人的种族联系，乃认为该男生所错在讲粗话，尚无种族歧视之意。结果引起轩然大波，群起攻击校长袒护同种。最后这位校长只得辞职以息争，使此事轰动全美。凡此皆可见"政治正确"派在校园内的势力。

其实规章等只是表面的，这一大趋势所造成的人人自我检点（self-censorship），才是其威权的真正体现。"政治正确"派力主教学内容应多反映少数族类群体的形象与文化，以适应美国社会构成改变的现实，这一点已在各大学不同程度地得到实施。许多本身并不太认同"政治正确"主张的教授，为避免麻烦和争议，也已主动在其课程中增加少数族类群体的内容，并努力在其参考书目中列入一些女性和少数族裔作者的论著。由于美国校园一向标榜自由主义的容忍风度，又有许多教授确实埋首象牙塔中的学术研究，不问窗外世事，结果造成闹得凶的多吃糖、学界中往往是好斗的一方得利得势。至少就目前看，"政治正确"派在美国学界是占上风的。

如果要对美国大学校园这一思想权势转移做一社会学分析，则由于"政治正确"渐被染上负面的色彩，许多这一运动的实际参加者并不自认是"政治正确"派。他们一般自诩为多元文化主义者，但是其中许多人却不讳言自己是"左派"。实际上，共和党在里根、布什年代的十二年执政，以及近来共和党几十年来首次在国会两院占据多数，都表明美国社会的"保守"倾向仍是主流。部分因为美国建国以来"道统"就一直对"政统"取批判的态度（参见 Richard Hofstadter 的研究），大学校园恐怕是左派标签尚具正面价值的唯一所在。

当然，如果从人数看，美国大学校园中立场鲜明原则坚定的左右两派及居中的自由主义派，所占比例约略相当，为数都不算多。真正起作用的是那些自称自由派实际却以趋时为特征的一批人。他们的宗旨是"加入"，约近于陈寅恪先生所说的"预流"，即任何流派风行时他们都在其中。据史学家的研究，即使在真正的麦卡锡时代，右派也从未能够控制校园。当时在各大学中执行清洗的，正是这些自称自由派的趋时行政主管和教授。今日将"政治正确"运动推向极端的，也还是这些人。由于行政主管可造成一种"自上而下的革命"，常能迫使不少中间派在压力下屈从。

这些左派为争正统而诉诸各种有实效的斗争手段，其中包括一些超学术的，诸如以行政力量压制持不同意见者等方式。这些手段被反对者称为新型的"左派麦卡锡主义"或"新麦卡锡主义"。手段的不高明无形中损害了目标的高尚，"政治正确"从正面象征渐变为争议对象，为反对不容忍和争取多元化而要求行为"正确"的改革派，竟走向同样不容忍且可能损害多元化本身的方向，这样一种诡论性的演变，殊非左派始料所及。有意思的是，在反对"政治正确"的一方中，比较稳健者多取文化保护主义的防守态势，主要强调西方文化传统的中心地位。许多站出来大声疾呼指斥"政治正确"派为"新麦卡锡主义"的，恰是以前的左派。这种左派斗左派的情形，正透露出美国校园文化在左倾的道路上已走得相当远了。

在校园以外，随着美国人的日渐富裕，他们似乎也更加趋避风险。在某种程度上，美国文化实已走向一种轻描淡写的"尊奉的文化"（culture of conformity）。1990年7月28日，著名的伦敦《经济学人》杂志发表一篇社评，题目就是《喂，老美，振作些》（Hey, America, Lighten Up a Little）。该文以"衰歇的清教"（decadent Puritanism），即一种回避责任却乐于告诉别人怎么做的取向，来概括近年美国文化的变迁（这里无意中或者也有文化竞争的意味。Conformity 的历史词义即英国的"国教尊奉"，清教徒当年乃因此不容忍异端的多数专制而逃往美洲。今由英国报纸来攻击美国的清教已衰歇，并回归到"尊奉"，挖苦中隐含些微自得，自有其历史渊源）。

美国人的好讼是举世闻名的，但现在的诉讼中推卸责任已成一时风尚。以精神有病为罪犯开脱，早已成为任何辩护律师必先考虑的不二法门。一个酒后出车祸的司机可控告请其喝酒的主人。近年某妇人手刃正熟睡的丈夫之阳具而被判无罪，理由是曾受丈夫的性虐待；另外一枪杀父母的富家青年则反控其死去的父亲是性虐待者。两者都以"性受害者"的面目出庭，显然有效。

向以迎合大众趣味著称的美国电视文化，也一直存在着"文以载道"的倾向，要对某些"正确的"思想方式和行为加以特别的肯定。各种各样的压力集团已结合成一股强大的势力，迫使节目制作者将"正确"观念楔入本是虚构的情节中去。譬如，抽烟的镜头就越来越多是只见于反派角色了。虚构的东西而必须有喻世的箴言，美国人在"尊奉的文化"之路上走得不可谓不远了。

但"政治正确"派并非只是趋避，还要别人尊奉。所谓"乐于告诉别人怎么做"，略近于中国古人所说的"好为人师"。在基督教要征服异端的精神早已深入人心的西方，"好为人师"就比古代中国人要积极主动得多了。于是，标举个人主义的美国人也开始喜欢涉足他人瓦上之霜。

当年清教徒即因英国不容忍异端而逃往新大陆，故美国方式一开始就意味着对新移民和新思想的容忍（美国的科技进步快，部分也因为其对新技术的抵制远不如其他国家那样厉害）。但在"政治正确"风潮的影响下，近年美国人对"公正"的寻求已与早先的容忍精神渐相冲突。"保守"的共和党人早就痛恶舞台上的裸体形象太多，故其一主宰国会立即大幅度削减国家对文艺的资助。但这种清教徒式的艺术观早已不限于共和党人，而是逐渐深入所谓"自由派"的人心。对非清教的"异端行为"的不容忍，在今日美国已经开始蔓延。几年前在加州，一位艺术家因拍摄了父母与子女在海滩上的裸体照片，而被联邦调查局正式立案侦查。

"政治正确"之所以能在美国不胫而走，自有其更深的文化历史渊源。其在美国本土的思想资源，可以上溯到建国初期即已存在的地方主义和小团体主义，特别是长期以来以反智论知识分子为喉舌的美国大众主义（Populism）的反精英情绪。六十年代那种反控制和反既存权势体制的文化大动荡，正是这种情绪的大爆发，而持反智论的知识分子也从此在大学校园中扎下根来。

其外来的思想资源则更为复杂而多元：远可上溯到尼采，他关于意识即不可逃避的特定文化和语言所造成的个人不言部分的表现这一经典解释，直接支持了至今流行的"知识都是有偏见的"这一观念。七十年代风行的以福柯为代表的法国批判理论，为大众主义的反精英情绪提供了系统的精英式表述。始于文学研究的解构主义则从语言的基本结构上反对欧洲中心主义，不仅为摒弃西方文明提供了思想基础，也提示了在非西方文化中寻找出路的方向。中国"文化大革命"对美国冲击亦强，毛泽东的造反理论直接武装了六十年代美国大学校园中佩戴红袖套的大量教授学生。

这些内外思想资源与前述的对种族和性别歧视的反作用力结合起来形成一股强大的推力，而其共性即破坏性大于建设性。"政治正确"运动之容易走向矫枉过正的极端倾向，自不难理解。对许多彻底的美国自由主义者来说，他们对"政治正确"的关注不仅是因为其汇集各种具有破坏潜力的思潮于一身，更主要的是因为目前 PC 运动的走向已直接触及自由与民主这一对西方基本价值观念之间的紧张。反 PC 者认为各大学施行的行为规章已侵犯到师生的言论自由。在公领域和私领域对权势诉求的竞争中，自由主义者一向是站在私领域一边的。群体的权力不能凌驾于个人权力之上。从法理的角度言，少数族类群体的公民权也只能置于言论自由这一基本人权之下。

从民主政治的观念看，全社会的各种团体或机构，最好都趋从于普遍的"社会意志"。大学和研究机构都不应例外（有例外民主政治就难以维持）。从自由主义的观点看，自由，特别是学术自由，本身就意味着对民主诉求的某种限制。大学固然不必是纯粹的象牙塔，但学术如果不能超越社会意志而独立自主，大学如果不能与社会保持一定的距离以维持其"清流"的超越地位，则与技术培训班便无多大区别，也就失去存在的价值了。简言之，讲民主者认为大学若不趋从社会意志，就不能维护民主；讲自由者则主张大学倘不能超越社会意志而自主，即谈不上学术自由。

今日美国社会明显向右转而校园向左倾，却恰恰是左派在强调学校应该趋从社会意志。这个诡论性的现象说明，各政治派别通常都可以、而且基本上正是按照自己的政治理念来诠释和界定所谓"社会意志"。假如学术依民主政治的观念去趋从社会意志，结果往往是趋附了掌权者的政治意志。这一点讲民主者也不愿见到。因此，在西方民主政治也还存在选举财产限制的时代，讲民主者对学术通常还是网开一面，给予相当的独立自主。但随着民主范围的扩大到每一个人，大众文化与精英文化之间的紧张日益凸显。精英通常都看不起大众，而带反智倾向的反精英情绪也始终是大众文化的一个显著特征。故民主范围扩大的同时，学术的超越地位也渐渐遭到质疑。

左派起而争正统，凭借的正是外在的"社会意志"。不过，争正统与已成正统并非一回事。所谓正统，要能不声不响就使追随者自觉影从。"政治正确"一派迄今为止恐怕仍是雷声大于雨点，尚未成为新的正统。但是雷雨不分家，喧嚷声音大到一定程度，实际变化就随之而至。如休斯敦大学的黑人女校长（黑人而女性，即天生最 PC 者）所说："政治正确是美国校园中权势转移的象征。"改革派表面上是要求课程的内容更能反映社会结构的变化，实质上是要建立一个他们认为更符合新社会结构现实的新意识结构：他们正是要重新铸造美国文化，即改造美国梦的含义。

的确，美国各少数族类群体的翻案倾向所汇成的、那种过去的非主流派反对主流派并进而可能成为新主流派的大趋势已很明显。这个趋势所反对的，就是其所属的美国文化的主流。正是这一点最使反对者触目惊心。在他们看来，政治正确运动所针对的已不是西方文明史课程的内容，而是西方文化传统本身。实际上，不仅美国的西方文化传统确实面临着一个怎样因应社会结构变化的问题，对许多美国人来说，这同时也是一个确定美国文化属性认同（identity）的根本问题。

今日美国文化的主流无疑仍是传统的西方文化，但是这个主流地位正在松动。在通俗文化层面，占人口第二多数的黑人文化早已占主导地位。运动场和娱乐场上，越来越是黑面孔的天下。这中间白面孔的女歌星玛丹娜不仅在舞台上领尽风骚，同时更独受学术界的青睐：她的表演被冠以各种"主义"（比如后现代主义）的桂冠，几年前就已成为大学研究院学位论文的主题。很可能玛丹娜的表演确实更具雅俗共赏的特点，但这种一边倒的学术重视背后，是否有意无意间隐伏着美国舞台上衰落的西方文化挣扎求胜那种夕阳黄昏的心态，亦未可知。

如今少数族类群体的文化更要在大学课堂中与西方文化一争高下，不论胜负如何，这个现象本身已足以使许多有危机感的人士拔剑而起了。1991年春天耶鲁大学文理学院院长卡根发表了一篇不足千言的演说，强调西方文化的中心地位和学习西方文明史的重要性，立刻召来得州石油富商一笔两千万美元的捐款，专门用以在耶鲁大学设立十一个西方文明史的讲座教授席位。美国校园中的文化争夺战真可以说是方兴未艾，关注者不妨拭目以待。

在即将跨越世纪之时，有几百年历史的"自由新世界"能否超越各式各样的种族中心主义，以"多元一统"的形式保持"自由女神"象征的开放？这个问题无疑已困扰着许多美国人。思想界知识界的左倾非美国独有，是今日西方社会的共相。自由与民主之间的紧张更是西方文明迄今未能解决的根本问题，关于"政治正确"的辩论既然与此相关联，则短期内恐难有明确的结局。不过，美国人也一向富于自我批评。1990年美国的一项民意测验已表明，大多数美国人觉得美国方式应有大的转变。如今世界许多地方的众多人仍是或希望移民美国，或热心追随美国方式，但当其快要接近目的之时，他们也许会看到与自己想象中大不相同的新美国和新的美国方式。

原刊《东方》1996年3期

中国文化的特点与上下左右读书

　　季羡林先生最近在"漫谈东西文化"（《中华文化论坛》1994年1期）时，提出了以汉语为表现形式的中国文化的特点以及相关的释读汉文的方法。季先生以为："中国的汉语表露中国的'心'，表露中国的文化。"与西方语言比较，汉语的特点是"没有形态变化，没有变格，没有变位。连单词儿的词类有时候也不清楚"。一言以蔽之，"汉语是一种模糊语言"。这样的特点，决定了读汉文的方法必须是"左顾右盼，看上下文，看内在和外在的联系，然后才能真正了解句子的内容"。这样高屋建瓴的见解，不过以一篇千字文清通简要地表述出来，足见大师水准。读此尤感前贤之不可及。

　　季先生所谓的"模糊"，用他自己的话说，是"一个时髦流行的名词"，与西方流行的有特定指谓的"模糊学"相关联。"模糊"之由不高明到极高明，这褒贬之间，颇道出西方学术思想演变的消息，也提示着中国近代以还一种心态的转变。

　　西潮东渐以前，尽管中国文体已数变，恐怕很少有士人以为中国语文是模糊的。盖传统的脉络未断,温故知新的治学作文取向使人们少有文字难读之感。有时候后人难以读懂前人的作品,那是古今之隔,中外皆然(详后)。而且长期积累的训诂注疏之学,也舒缓了古今之间的差异。但更重要的,还是对自身文化的信心与敬仰。故即使有难通之处,一般人也多认为或者自己学养不足,或者立说者言之不文,辞难达意。多从个人角度思考问题,鲜有从语言文化这样根本之处找答案者。

西潮入侵,特别是十九、二十世纪之交西方文化优越观在士人心目中萌生后,中国士人对自身文化传统的信心开始丧失。还在新文化运动之前,学兼新旧的黄远庸就提出"笼统"是中国的"公毒",必破除而后中国可以兴。"五四"人正是在这一点上继承了黄,要改革甚至废除这笼统不通的汉字。"笼统"者,实亦即"模糊"也。黄氏与季先生所见,其实是不谋而合的。唯今日"模糊"已时髦流行,不像昔日"笼统"那样为人所侧目。黄氏和"五四"人强调中国语言文化笼统糊涂,是要破旧立新;季先生今日言中国语言文化模糊,是要为中国文化张目。说虽相近,立说意图则迥然异趣。攻守之势既异,其间士人心态的转变,尽在不言中;但皆以西方观念诠释中国文化,异中又有同。

黄、季二贤皆以旧学深湛著称于世,竟不约而同地认为中国语言文化或笼统或模糊,虽都有西潮的影响,但中国语言文化自身,或者是有含混不清之处吧?这里还有个近代中西文化互动的语境（context）问题。西潮东渐之后的士人，不论立说意图如何，竟会有同感，实因手边有个西方语言文化的参照系在。以前的人不论阅读表述，接触的只是中国语文、中国观念，在此语境中思考中国问题，本不必去考虑什么文化的特点。近代以还，西方语言观念已成中国语言观念的直接竞争对手，士人心目中不论喜恶，都有一个西方在。有比较鉴别，特点自然就出来了。

的确，中西文化的一个大区别，即西人的观念通常都讲究界定清晰严密，中国的传统观念则往往是中心或主体基本不变，但边缘却伸缩波动，变多于定。故中国人即使在"定于一尊"之时，一般也都还网开一面，留有回旋余地。凡事涉及边缘部分，都是"理想型"重于实际，不可全从字面意义视之。

如古代的天下中国观，各文化族群皆视本族所居地为"天下"的中心，重内轻外，详近略远，骈举四方以示政权之归于一（详见蒙文通和柳诒徵的研究），则天下在地理上政治上都被认为已完整。至于"四方"的细部，却不是古人主要的关怀。若必以西人说一不二的方式去检验，则古人的"天下"是很难在地图上再现的。历代中国边疆的赢缩常以千里计，倘以西人以固定疆域为国家要素的概念衡之，则中国岂非要到近代许多"卖国"条约因割地而划定边界后才成其为"国"？但对昔日的中国朝野人士来说，只要本土（main body of homeland）稳定，边界的波动并不妨碍"中国"概念的完整。昔人正是以这样的观念和方式来观察、认识和解释彼时的世界。这个问题当然不是几句话说得清楚的,但中国文化中的中心稳定边缘可变的特点是表露得很明白的。

重中心轻边缘的另一个不那么引人注意的表现形式就是"取法乎上",眼睛只看着那几个不世出的天才人物。中国的传统教育,从小偏背诵而不重理解分析。所谓"用力之久,而一旦豁然贯通,则表里精粗无不到了",正是培养天才的方法。盖少时记忆力强,成诵往往终生不忘。此时是否理解,并不重要。待长大成人,领悟力增强,思考问题时便左右逢源,材料不召自来。如此方可能做到运用之妙,存乎一心。若不能成诵,只是依稀记得某处有条什么材料,则查书抄书必费去大量时间。而且很多时候因胸无积墨,思考范围必窄,想都想不到,遑论运用。

但这样的教育方法若施之于中才以下,实误人一生。今日农村中尚可见能背古文却不会算账者,其所背者固终生不忘,却始终未达"豁然贯通"之境。以前许多人将旧教育方式一骂到底。但若将骂与不骂的人作一社会学分析,则可见骂者多为中才以下的边缘知识分子,传统教育的取向本不适于他们;反观那些不骂者,则多为有所成的各种级别的"大师"。是知骂与不骂,其实都是有理的。究其源,正是"取法乎上"的取向有以致之。

进而言之,因为取法乎上,昔人的表达论述都有些像武林高手过招,点到即止。要旨论证之后,便往往适可而止,不再做进一步的阐释,以免枝蔓之嫌,失了高手的身份。《易系辞》说："书不尽言，言不尽意。"这既是对古人表达方式的一个总结，其实也是许多古人追求的境界，到后来更成为一种固定的认知（perception）。过去人们写信，最后总有类似"书不尽意"这样的套语。这似乎表示了写信者的客气，但其间正隐伏了一种言本不能尽意，也不必尽意的共同认知。正所谓不可言传，只能意会。如果言尽意尽，无余音绕梁之意境，反为人所不取。扬雄作文，只要千年后有人理解即好。此正杜甫所谓"文章千古事，得失寸心知"。韩愈以为孟子之后儒家道统不传，须由他老人家来复兴。凡此种种，动辄以千年计来思考问题，正是取法乎上的典型表现。用今日的话说，即精英意识也。这样一种取法乎上、点到为止的取向，为中国语言文化更增添了几分"模糊"。

正因为中国文化有这样的特点，才出现了季先生所说要从上下左右去读中国书的必要。盖上下左右搞清楚，那可变的边缘就可知，再往中间看就可能一目了然了。昔欧阳竟无读佛教俱舍，三年而不能通。后得沈曾植指点，觅俱舍前后左右书读之，三月乃灿然明俱舍之义。蒙文通先生尝以此为例，强调读书当"自前后左右之书比较研读，则异同自见，大义顿显"。若以今日流行的文本理论来说，前后左右之书（texts）即在一定程度上构成语境（context）。语境一明，则文本的理解就容易得多了。

而且，由于取法乎上、言不尽意、立说以千年计已成为有意的求，书是否让人看得懂，就已不仅仅是语言是否模糊的问题了。钱穆先生发挥公孙龙的意思说："人心意所指，则各各相别。此人所指，未必即彼人所指。此刻所指，未必即彼刻所指。"换言之，立说者的初衷与读者的领会未必总是一致的。言传意会之间，恐怕更多时候是有差距的。只有立说者与读者的心路所在时空接近，即此人心意所指与彼人心意所指接近时，才能形成思想的对话，亦即今日西人爱说的 discourse（各家所说差距也很大）。只有在这种情形下，言传意会才可能靠拢。

反之，若立说者与读者心态不同时，视点不同向，心意所指便不易接近。则说者自说自话，听者各取所爱，就发展成有意栽花花不开，无心插柳柳成荫的情景。胡适曾叹谓许多他细心用力的文章常不为世人注意，而随意为之的文章则多得喝彩，就是这种情景的鲜明写照。今日若要研究胡适的时代，自然要多注意那些得到喝彩的文字，若要理解胡适本人，则不得不去揣摸那些用了心力却为人冷落的篇章。而且，也只有在理解了胡适本人及其不为世所注意的一面，明了其为世所知和不为世所知的诸多原因，才能更深入地理解胡适那个时代。这中间文本（胡适自己）与语境（胡适的时代）的互动关系，正是今日治史者尚大有可为之处。

实际上，即使语言不模糊的西人也早就在提倡上下左右的读书法，此法今日更成为西方治思想史的主流。从弗洛伊德到拉康，都十分注意由语言表述去分析人的意识。前面说到，古今之隔，中外皆然。今日西方大家多以为读昔人书颇类读外语。外语是可以学会的，但必须按其特定的语法和表达习惯才能运用得当（参见 Clifford Geertz 和 J.G.A. Pocock 的研究）。中国古人以千年期知音的取向，也暗示着千年后前人心意所指仍可知的信心。不过由于时代的场合情景、思想规范，以及立说者意图的各异，同样的语句所表达的意思可能会有很大的不同。所以，只有重新恢复当时的场合情景，特别是思想对话的场合情景，重新建树当时人思想的规范习俗，重新发现立说者写作的意图及写作时那一刻的意图，即特定人物在特定时期的心意所指，才有可能真正读懂当时人言论所蕴含的意思（参阅 Quetin Skinner 的研究）。

在读书方法这一点上，似乎中西之间同多于异。清人汪中尝云：读书当"钩深致隐"，"于空曲交会之际以求其不可知之事"。钱穆先生以为，读别人的文章，贵"在其不尽意的言中，来求得其所代表之意，乃及其言外不尽之意"。陈寅恪先生所言尤详：盖"古人著书立说，皆有所为而发。故其所处之环境、所受之背景，非完全明了，则其学说不易评论"。而且，这些环境背景对立说者的影响，既有无意识的部分，也能使人产生自我抑制的意识，未必能随心所欲，想说什么就说什么。故读者还应努力与立说之人"处于同一境界，而对于其持论所以不得不如是之苦心孤诣，表一种同情，始能批评其学说之是非得失，而无隔阂肤廓之论"。这里所谓的"同情"，即指心意所指的沟通，并非我们今日口语中所说的"同情"（同情之后，立场就要偏向被同情者一面）。

恰如英儒柯林伍德（R.G. Collingwood）所说，读者要在自己的心里以立说人当时的规范习俗和道德观念，将其所作所为批判地再思一遍。所谓批判地再思，即力图减少读者个人取舍的倾向性。这当然只是理想的境界。今日西人已承认实证主义时代那种要写完全客观科学的历史只能是一种梦想，可望而不可即。寅恪先生已指出，诠释者"有意无意之间，往往依其自身所遭际之时代、所居处之环境、所熏染之学说，以推测解释古人之意志"。这里的"有意无意"很重要。盖有意者或可克服，无意者就难以避免了。所以鲁迅以为，读者应"自设为古之一人，返其旧心，不思近世，平意求索，与之批评，所论始云不妄"。不妄者，亦未必全对也。虽不能至，心向往之。心中悬此可望的目标，虽不可即，庶几可以近之。读书治史达此境界，也就难能可贵了。

然而，人心意所指的相别，并不仅限于古今的时空之隔。生活于同一社会环境的同龄人，其心意所指的时空仍可以是不同的。若将历史分为若干时段，则社会时段相同的人心态却未必同时段。过去治近代史的人常爱说近代人关怀的重点有由器物到政制再到文化的阶段性变化，这大致是不错的。但具体到个人，则很可能生活在文化时段的人思想尚在器物或政制时段。且全国发展不均，京沪和口岸或已到后面的时段，内地则可能尚不同程度地处于前面的时段，或竟在两时段之间。正如夏商周三代一个取代一个，似乎商晚于夏而周晚于商。但近人则提出，三族中二族（夏商和商周）其实早已并存，不过是军事政治上一族战胜一族而已。寅恪先生在民国时自谓其思想在同光时期的曾国藩张之洞之间，就是近代史上人的社会时段与心态时段不同步的最好证据。若必以整齐的阶段论观察诠释问题，恐怕会像陈先生所言，其言论愈有条理系统，则去昔人学说之真相愈远。

其实，同一社会时段之人，其有意识的心意所指也同向，仍可能因自身经历及所受学问等无意识影响而实际处于不同的心态和思想时段。蒙文通先生在五十年代努力学习了马克思主义，写出一篇近十万字的大文：《中国历代农产量的扩大和赋役制度及学术思想的演变》。在蒙先生言，是用马克思主义关于经济基础与上层建筑关系的理论来研究历史，与其昔日治学方法相比，跨度不可谓不大。但另一位稍年轻些的先生读了此文，立刻指出文通先生所树的是封建资产阶级的旗。盖先生在文中"完全悉用封建资产阶级学者的一套含义模糊的名称"和"一大堆……唯心主义的术语"，故既不能"提出什么问题"，也不能"说明什么问题"。我们且不论这些评论是否准确和正确，但五十年代可以说是中国史学时段转移的时代，史学提出的问题已新，故不用"新术语"，便难解决"新问题"。"文革"时期很流行的一个观念是"什么阶级说什么话"，揆诸今日西方从无意识的语言表达看其思想意识的学说，亦并非无根之谈。

　　我们所关心的，是蒙先生此时以"马克思主义史家"为自我认同，而有的读者却将蒙先生归入"封建资产阶级史学"一类这样一种诡论性的（paradoxical）现象。也就是说，立说者的自我认同与其在诠释者那里的形象未必是一致的。假如可以将中国史学划为"前马克思主义史学"和"马克思主义史学"两个时段的话，蒙先生自认已走进后者，诠释者则以为他尚留在前者。我们且不管蒙先生与这位诠释者谁正确，但他们所理解的"马克思主义史学"并不是一回事，是可以肯定的。因此，这两位自然时段和社会时段相同、心意所指也同向的先生，仍然不在同一的思想时段和史学时段之中。后来的论者若据时段的大流以判断具体的立说者，很有可能失之偏颇。

　　同样，论者若不从上下左右去读书，而仅执立说者或诠释者的一面之词，便很难明了这中间空曲交会之际的隐微。故所谓钩深致隐，还要去了解立说者（或诠释者）所处语境对其人的无意识影响以及由此造成的个人倾向性。孔子说：我欲仁而斯仁至。历史诠释（立说）的见仁见智，有时颇取决于研究者先入为主的视角。愈是复杂多变的时代，个人倾向对诠释的影响也愈大。研究者一旦有意无意中形成先入之见，通常都能找到为我所用的材料，结果将整个研究导入歧途。

　　国民党在1928—1937年的党治十年，大规模的内外战争接踵而至，动员兵力常达百万之多。且战事多发生在交通方便亦即经济发达之区，扰民不可谓不剧。但近来不少人在讲这段时间中国经济有长足发展，其原因即国民党忙于内外之争而放松了对经济的控制。论者虽有不少证据，但长期的大型战乱竟然有利于经济发展，此说若可立，则经济学的一些基本原理就要改写了。这样新颖的观点之所以能产生出来，必有其特定的语境。首先，这观点针对的乃是前些年将历史上这十年完全否定的教条主义谬见。但更主要的，则是近几年经济学界争得最厉害的问题，就是政府对经济控制的程度问题。立说者有意无意间受了其所处时代语境的影响，由此视角去反看那十年，结论自然新奇了。实际上国民党政府对经济的控制，无论如何是超过北洋政府的。照此思路看下去，一定又会发现北洋十年的经济发展还要更好。我们不必论到底是哪十年经济更发达，但后人若不了解这两年经济学界争论热点这个今典，恐怕会对上述的观点大惑不解。

要言之，中国文化固然有重内轻外、详近略远、中心稳定边缘波动的特点，但西儒也讲究上下左右的读书方法，说明这个问题的答案不仅仅在文化特点之中。

原刊《读书》1995 年 6 期